|永远的丰碑|

图说中共党史

# 杰出人物

卷三

陈　述　主编　万　庆　编

北　京　出　版　集　团
北京少年儿童出版社

**图书在版编目（CIP）数据**

图说中共党史杰出人物．卷三 / 陈述主编；万庆编．— 北京：北京少年儿童出版社，2017.12
（永远的丰碑）
ISBN 978-7-5301-5284-3

Ⅰ．①图… Ⅱ．①陈… ②万… Ⅲ．①中国共产党—历史人物—列传—少儿读物 Ⅳ．①K820.7-49

中国版本图书馆 CIP 数据核字(2017)第 239011 号

永远的丰碑
**图说中共党史杰出人物　卷三**
TUSHUO ZHONGGONG DANGSHI JIECHU RENWU　JUAN SAN
陈　述　主编
万　庆　编
*
北京出版集团
北京少年儿童出版社　出版
（北京北三环中路 6 号）
邮政编码：100120
网　址：www.bph.com.cn
北京出版集团总发行
新华书店经销
北京同文印刷有限责任公司印刷
*
787 毫米×1092 毫米　32 开本　5.125 印张　72 千字
2017 年 12 月第 1 版　2022 年 1 月第 3 次印刷
ISBN 978-7-5301-5284-3
定价：18.00 元

# 目录

# 五卅运动的工人先锋
# ——顾正红

**杰出人生**

顾正红，江苏阜宁人，上海日商内外棉七厂工人。1924年参加沪西工友俱乐部。1925年2月参加日商纱厂工人大罢工，后加入中国共产党。同年5月，该厂日本资本家撕毁2月工人罢工时与其达成的协议，以关闭工厂、开除罢工工人相威胁。15日顾正红带领工人进厂交涉，惨遭日籍职员枪杀。这一事件成为五卅运动爆发的导火线。

顾正红，1905年出生于江苏省阜宁县一户贫苦农民家庭。顾正红是长子，下面还有两个弟弟、四个妹妹。他只随做私塾先生的舅舅读了一年书，就因家庭贫困而辍学。不足十二岁的顾正红和母亲挑起家庭的重担，

他挖野菜、拾木柴、割牛草、放牛羊，甚至讨饭。1921年，苏北发大水，顾正红一家八口逃难来到上海。哪知道都市的生活更加艰难，不久他的二弟被活活饿死。为了生活，顾正红先后进入日商内外棉九厂、棉七厂当工人。

那时，日本资本家疯狂压榨工人的血汗。顾正红每天工作十二小时以上，还要承受工头的打骂、虐待、搜身、侮辱，并且经常拿不到工钱。1924年，我党在上海开办工人补习学校。在这里，顾正红受到革命思想的哺育，开始向工人宣讲革命道理。1925年2月，日商内外棉八厂的资本家殴打女工，虐待男工，激起工人强烈不满。在我党的组织下，多个工厂的工人团结起来进行罢工。在这次罢工中，顾正红展现了他的组织才能，提高了思想觉悟。罢工结束后，他光荣地加入中国共产党。

1925年5月14日，日本资本家把工人们都召集在一起，突然宣布开除十二名曾代表工友们提出正常要求的工人。工人们听到这个消息，一下子炸开了锅，纷纷指责："凭什么开除他们？！""我们拼了命干活，为什么要无缘无故开除我们的工友？"正在这时，从旁边冲出来许多甘心为日本资本家卖命的走狗，他们手里拿着铁棍，不分青红皂白，照着工人们打去。不一会儿，工人们就被打散了，有五名无辜的工友倒在了血泊之中。

15日早晨，顾正红刚下夜班回家，正准备喝口水休息一下，厂工会来人敲门，把前一天发生的事情一五一十地告诉了他。听到工友们被无故殴打，顾正红气得浑身发抖，他不顾一身的劳累，迅速地回到了工厂。

顾正红到了工厂门口一看，工厂大门紧锁，门口都是走狗和警察。其中一个走狗拿着大喇叭，正对聚集在门口的工人们喊话："日本老板说了，今天不开工，大家都回去吧。"工人们问："你们凭什么打人，又凭什么说不开工就不开工？今天的工钱什么时候给我们？我们还等着这笔钱回家买米呢。"只见这个走狗把眼睛一瞪，露出一脸的凶相，说："你们不干活，凭什么给钱？"工人们听到此话，都气得不得了。就这样，双方一直僵持到了下午五点半。聚集在门口讨要工钱的工人越

来越多。日本资本家把全厂的工头们都聚集到门口，巡捕和暗探也越来越多。这些走狗一个个手拿铁棍、木棒等武器，面露狰狞之色。这时，一个日本工头走到工人队伍前面，气势汹汹地说："你们通通回去，要钱的没有！"顾正红走到队伍最前面，冷静地说："工人们干活，凭什么不给钱？让你们老板出来说话。"

日本工头指指身后的这帮走狗，说："识相的就赶快回去。想要钱，就别要命。"顾正红义正词严地说："干活给钱，天经地义。你们日本人，就这么不讲道理吗？"

正在此时，日本资本家派出来一群打手，手里拿着铁棍、砍刀向工人们冲了过来。转眼间，几位无辜的工友还没来得及躲闪，就被日本打手打伤了。顾正红见势不好，马上大喊："东洋人打人啦！大家快躲起来！"

日商内外棉七厂的大班日本人川村一向心狠手辣，知道顾正红是工人领袖。此时的川村完全丧失了人性，他从怀里掏出手枪，对着顾正红就是一枪。顾正红突然感到左腿一阵剧痛，低头一看，只见血流如注。旁边的工友马上扶着顾正红，大喊："谁干的？凭什么开枪！凭什么打我们中国人？！"顾正红咬紧牙关，强忍剧痛，高呼："工友们，大家团结斗争啊！"工人们一看顾正红被敌人暗枪射伤，胸中燃起了怒火。他们手里没有武器，有的从纺织机上拿下来打梭棒，有的挥动拳头，和手持凶器的日本人及走狗们厮打在一起。顾正红虽然左腿严重

受伤，但他毫不畏惧，一瘸一拐地走到队伍最前面。他瞪红了双眼，怒视暗枪伤人的川村。平日里凶神恶煞的川村被顾正红这一身正气吓得直往后退，只见他抬手又是一枪，这一枪正中顾正红的腹部。又中一枪的顾正红紧紧抓住身边的一棵小树，挥手向前，大喊："打倒日本资本家！"川村丧心病狂，又朝顾正红头部开枪。其他恶毒的工头冲上前，用砍刀向顾正红砍去。英勇的顾正红倒在了血泊之中……

工人们眼看顾正红被杀，都愤怒地冲向敌人。前面的工人倒下了，后面的工人照样冲上去。一个多小时后，大批巡捕赶到，斗争才平息下来。工友们赶紧送顾正红去医院。这时，顾正红用他最后一丝气力说："我不去东洋人的医院……"第二天下午2点，顾正红永远闭上了双眼。

**★五卅运动**

1925年5月30日，在中国共产党领导下，中国人民以上海工人为主体发动的反对帝国主义的革命运动。五卅反帝爱国运动标志着中国第一次大革命高潮的到来。

顾正红惨案发生后，各界群众纷纷响应，最终掀起波澜壮阔的反帝斗争——五卅运动。而顾正红，是这次伟大运动的“工人先锋”。

**名人名言**

大家团结起来力量就大了。

——顾正红

# 将门虎子两兄弟——陈延年和陈乔年

**杰出人生**

陈延年，安徽怀宁人，陈独秀长子。1919年赴法勤工俭学，1922年与周恩来、赵世炎一起创建旅欧中国少年共产党。同年加入中国共产党，并和邓中夏、苏兆征等人领导了省港大罢工。1927年因叛徒出卖，被逮捕杀害。

陈乔年，安徽怀宁人，陈独秀次子。1919年赴法勤工俭学。1922年加入中国共产党。曾参加领导北京“三一八”群众示威游行，后在上海被逮捕杀害。

陈延年和陈乔年是建党元勋陈独秀先生的两个儿子。延年是哥哥，乔年是弟弟，兄弟二人从小相依为命。1919年，兄弟二人到法国巴黎勤工俭学。后来，兄弟二人在周恩来、赵世炎等人的帮助下，先后参加共产主义组织——旅欧中国少年共产党的筹建工作。1923年4月，两兄弟进入莫斯科东方劳动者共产主义大学学习。在校期间，两人学习非常刻苦。延年平时沉默寡言，但在理论学习上经常与同学争辩，人称“小列宁”。乔年多才多艺，我们熟知的《国际歌》中文歌词就是乔年翻译的。

1927年秋，国民党政府大肆对共产党人进行迫害，国内到处腥风血雨。当时，江苏省政府办公室遭到了国民党的围捕，陈延年以桌椅相抗和敌人搏斗，最终被捕。行刑时，无论刽子手怎样恐吓，陈延年硬是不肯跪下来受刑，后来被丧心病狂的敌人乱刀砍死，年仅二十九岁。

1924年，陈乔年回到北京。五卅反帝

**阅读拓展**

★《国际歌》

原文为法语，歌词由欧仁·鲍狄埃在1871年创作，皮埃尔·狄盖特于1888年为其谱曲，是共产国际运动中最著名的一首歌，热情讴歌了崇高的共产主义理想和英勇不屈的革命气概。

爱国运动掀起时，乔年在北京组织和领导了工人、学生、市民、农民的群众运动。1926年3月18日，段祺瑞政府镇压群众游行示威，乔年在保护群众转移时，被刀刺伤。1928年在上海从事地下工作时被捕。同年6月，陈乔年英勇就义，时年二十六岁。

陈独秀先生是中国共产党的主要创始人之一，也是新文化运动的领袖。他家教严格，从不溺爱延年、乔年两兄弟。1917年，北京大学校长蔡元培先生邀请当时在

上海办《新青年》杂志的陈独秀先生担任北大文科学长，陈独秀先生犹豫了。他这一走，这小哥俩可怎么办呢？当时延年十九岁，乔年只有十五岁。他把这件事情告诉小哥俩，这二人毫不犹豫地说：“父亲，您到了北京，对中国革命事业的贡献会更大。千千万万个年轻人更需要您，我们兄弟两个可以自己照顾自己。”陈独秀先生这才下定决心北上。

陈独秀先生有个同乡，也是革命者，名叫潘赞化，与陈家关系特别好。有一次，潘赞化先生到上海办事。

那是冬天的一个晚上，北风刮起，潘先生感到阵阵寒意，便加紧了赶路的脚步。天气实在太冷了，白天热闹的马路上人已经不多了，借着昏暗的路灯，潘先生远远地看到一个瘦弱的身影向他走来。等到走近了，潘先生抬头一看，竟然是陈延年。潘先生大吃一惊，心里想，这么多年不见，这孩子个子长了许多，可他怎么如此消瘦？他马上拦住延年的去路，说："延年，你认得我吗？"延年一愣，抬头仔细一看，马上施礼，微笑着说："原来是潘叔叔，潘叔叔好。"潘先生问道："延年，你这是到哪里去？"延年赶快回答："我要回到我们住的地方去。"潘先生叹了口气，说："你们弟兄两个年纪这么小，陈先生竟然舍得丢下你们到北京。你们小哥俩过得怎么样？在哪里住？如果方便的话，我到你们住的地方看看吧。"延年很有礼貌地鞠个躬，说："那就麻烦潘叔叔了。"潘先生和延年并排走的时候，把手放在延年的肩膀上，笑着说："记得上一次见你，你还不到我的肩膀高，没想到几年过去，你现在比我还高。”他伸手一捏，发现延年穿的竟然是单衣，连忙关切地问：“你怎么不穿棉衣，不冷吗？”延年笑着摇摇头。

穿过几条小巷子，两个人来到兄弟二人的住处。潘先生抬头一看，原来是《新青年》杂志的发行所，在亚东图书馆里。推门一看，乔年正在地板上收拾铺盖。潘先生吃惊地问：“难道你们连床都没有？”乔年一看，笑着说：“原来是潘叔叔来了。我们这里是杂志社的办公室，白天还要办公。晚上别人都走了，我们就把桌子挪开，把铺盖打开，第二天再收拾起来就好了。”潘先生关切地问：“你们吃过饭了吗？平常在经济上困难吗？我好久没见你们弟兄俩了，一起出去吃点好的吧。”乔年说：“谢谢潘叔叔，不用了，我们已经吃过饭了。我们两个不上课的时候，就和这里的工人一起工作。我们已经长大了，挣的工钱正好可以做学费和生活费。”

潘先生往四下里看了看，说：“我看这里没有厨房，你们平日怎么做饭？请用人了吗？”乔年笑着说：“我们兄弟两个又要上学又要工作，没有时间做饭。我们吃点大饼，喝点开水就行了，不用请什么用人。”

乔年话音刚落，延年就瞪他一眼，觉得说这些话并不合适。潘先生说：“陈先生好歹也是知名学者、大学教授，你们这样生活，是不是太艰苦了？”延年清了清嗓子，坚定而沉着地说：“年轻人应该自创前程，艰苦的生活就是对自己最好的磨炼。”潘先生说：“你们家其他亲戚知道你们过得这么苦吗？你们陈家在家乡怎么

说也是大户人家呀。”延年说：“我们的叔祖母来过，想给我们添置些衣服、家具，再从家乡汇些钱过来。我知道都是为了我们好，不过我们年轻，过得节俭是应该的。”

潘先生听了以后，大为感动，抬头一看，乔年已经在昏暗的灯光下摆上纸笔，还把上课时学过的书拿了过来。潘先生看到这两个意志坚定、热爱学习的孩子，眼睛不禁湿润了。他挥了挥手，告辞离开。正是在这种艰苦的条件下，兄弟二人坚持学习、磨炼意志，到后来，才成为我们革命队伍中的优秀人才。

**名人名言**

让我们的子孙后代享受前人披荆斩棘的幸福吧。

——陈乔年

# 补试入校的黄埔英才
# ——卢德铭

**杰出人生**

卢德铭，四川宜宾人。1924年加入中国共产党。黄埔军校第二期毕业，留校任政治部组织科科员。后任叶挺独立团参谋长，国民革命军第二方面军总指挥部警卫团团长。1927年率部到江西修水同平（江）浏（阳）农军会合，参加领导湘赣边界秋收起义，任总指挥。在江西萍乡芦溪作战时牺牲。

卢德铭同志的一生是由“奉献”和“牺牲”谱写而成的，在关键时刻他想到的总是别人，心中永远装着战友。1927年，在担任国民革命军第二方面军总指挥部警卫团团长期间，他保护宛希先、何挺颖、何长工等我们党的骨干分子免遭“马日事变”后的反革命屠杀。同年9

月，他率全团参加秋收起义，并在文家市前委会议上支持毛泽东同志转移部队到乡村去的主张。9月25日，部队行军至山口岩时，遭敌军伏击。卢德铭为掩护大部队率领一个连与敌军交战，不幸中弹牺牲，年仅二十二岁。

卢德铭出生在一个殷实的家庭，幼年时即到私塾读书。青少年时期的卢德铭勤于思考，他目睹了帝国主义瓜分中国和军阀割据对神州山河的破坏，同时受到共产主义思想的影响，遂产生了在共产主义思想的指导下，用军事手段实现民族独立、国家富强的梦想。那时的他就提出："中国要强盛，要打倒列强，铲除军阀，只有依靠枪杆子的实力才行。"他毅然决定投笔从戎，报效祖国，才有了后面补试进入黄埔军校并成了一代英才的故事。

1924年初的一个晚上，卢德铭无意间从报纸上看到了黄埔军校招生的消息。他兴奋异常，马上找到自己的父亲，说："父亲，我要去报考黄埔军校。"卢德铭的父亲卢安炳一心想让卢德铭做官或经商，闻听此言后大怒："你糊涂了！自古以来好男不当兵。你书读得好好的，就算将来考取不了功名，哪怕回家当个教书先生也行。再不行就去做个生意，过上安稳日子。"

卢德铭没有着急，他说："父亲，当今列强入侵，军阀割据，民不聊生。这天

**阅读拓展**

**★"马日事变"**

1927年，在国民党第三十五军军长何键的阴谋策划下，驻长沙的国民党军官许克祥于5月21日发动了残杀中共党员和工农群众的反革命叛变。因21日的电报代日韵目是"马"字，所以称这一事件为"马日事变"。

下一日不太平，就没人能够安心经商、安心读书。只有打倒军阀、赶跑列强，百姓才有好日子过。”父亲看到卢德铭意志如此坚定，实在没有办法，终于同意卢德铭前去报考。

一想到自己不久后将见到心中敬仰已久的孙中山先生，卢德铭兴奋得几天几夜睡不着觉。他知道孙中山先生非常繁忙，如果没有人举荐，恐怕是见不到。于是他专程到宜宾漆树乡找老同盟会会员、与孙中山交往甚密的李筱亭，恳求他为自己向孙中山先生写一封举荐信。

当时的交通条件非常落后，卢德铭经过几个月的风餐露宿、长途跋涉才赶到黄埔军校。等他到校时，才发现考试时间早已经过了，已经考取的第二期学员都已经开始学习、训练了。按照规定，卢德铭已经没有机会了。

卢德铭一心向往革命，可不愿就这样轻易放弃。他抑制不住自己对革命导师孙中山先生的仰慕之情，心想无论能否入校，能够见一下孙中山先生也是好的。孙中山先生在黄埔军校日理万机，但看到李筱亭替卢德铭写的举荐信，心想这位年轻人长途跋涉来到这里，理应见上一面。

一天早晨，卢德铭终于见到了仰慕已久的孙中山先生。孙

中山先生看到这位年轻人英姿勃发，眉宇间透出一股豪气，心里不由生出几分惜才之情。他说：“年轻人，如果你真想报考黄埔军校，我就给你一个补试的机会。”

他稍做思考，提笔在纸上写下试题“当今国民革命之首要任务”。卢德铭见此题目，不慌不忙，略做思考之后提起笔来，将平日对中国革命事业的思索写就了一篇洋洋洒洒的文章。孙中山先生看了这篇文章，觉得不仅字体潇洒飘逸，而且思维严谨、逻辑清晰、观点鲜明，其革命热情与爱国情怀可谓力透纸背。看完此文，孙中山先生心想，这是不可多得的人才，如果加以

**★孙中山**

本名孙文，字载之，号日新，又号逸仙。中国近代民主主义革命的先行者，中华民国和中国国民党创始人，三民主义的创立者，1911年辛亥革命后被推举为中华民国临时大总统。

磨炼，一定能成为优秀的革命人才。于是他提笔写一封推荐信，交给卢德铭说：“小伙子，希望你言行一致，报效革命！”

就这样，卢德铭补试入学，并在入校之后学习非常刻苦。清晨，当其他同学还在睡梦之中时，他就已经早起晨练，练就强健的体格。晚上，其他同学已经休息，他还在路灯下读书。虽然卢德铭比其他同学起步晚了好长时间，但由于他刻苦努力，在几乎所有的军事科目考试、竞赛中都名列前茅。

后来，孙中山先生再次来到黄埔军校视察，询问学生们的学习进展情况。当看到各门成绩都非常优秀的卢德铭的名字时，他觉得似曾相识。等到他再次见到卢德铭时，一下子就想起那个从四川风尘仆仆赶来的英气勃勃的小伙子。几个月不见，只见卢德铭晒得皮肤黝黑，但目光如炬，雄姿英发。

孙中山先生激动地说：“革命需要这些有为青年，革命需要大批有为青年。今后，全校学生要以卢德铭为楷模。”同学们都向卢德铭报以热烈的掌声。卢德铭通过补试入校并成长为优秀军事人才的故事，在黄埔军校一时被传为佳话。

**名人名言**

中国要强盛，要打倒列强，铲除军阀，只有依靠枪杆子的实力才行。

——卢德铭

# 浏阳智夺敌军枪
# ——夏明翰

**杰出人生**

夏明翰，湖南衡阳人，“五四运动”时期任湘南学生联合会第三届总干事。1921年到湖南自修大学学习，同年加入中国共产党。1924年起担任中共湖南省组织部部长、农民部部长、长沙地委书记等职。1928年3月在汉口被国民党逮捕杀害，临刑写下壮烈诗篇：“砍头不要紧，只要主义真。杀了夏明翰，还有后来人。”

夏明翰，1900年农历八月出生于湖北秭归。他的父亲夏绍范是清朝诰授资政大夫，曾考察日本明治维新，向往科学和民主。辛亥革命后，夏家迁居湖南衡阳。夏明翰的祖父是清代进士，将书香门第的希望寄托在夏明翰的身上。但夏明翰自小关心劳动人民，不以少爷自居，反感祖父封建礼教那一套。

1920年秋，夏明翰来到长沙，成为毛泽东创办的湖南自修大学的第一批学员，并成为一名光荣的中国共产党党员。

夏明翰不畏艰难，先后领导发动了平江、浏阳的农民暴动，有力地配合了井冈山革命根据地的创建。他虽然生于书香门第，但并非文弱书生，而是有勇有谋，为革命事业立下卓越功勋。他在浏阳组织农民暴动时，就有以身诱敌、智夺枪支的英勇事迹。

那是在1927年10月，夏明翰成功组织了平江暴动，随后风尘仆仆地来到浏阳。一到浏阳，他就与浏阳县委书记潘心源、暴动队队长慕容楚强商量工作。

夏明翰问：“如果组织暴动，最大的

**阅读拓展**

**★日本明治维新**

19世纪60年代受西方资本主义工业文明的冲击，日本以明治天皇为首的新政府进行了全面改革，使日本成为世界经济强国。但强大后的日本开始对外侵略，给邻国造成极大的灾难。

困难是什么？”慕容队长摇摇头说：“没武器呀。我们人有几十个，但枪只有一条。这里的北圣仓团防局可是有四十多条枪呢。一条枪对四十多条枪，怎么打呀？”夏明翰一笑，沉着地说：“如果我们把他们的枪抢过来呢？”慕容队长把头摇得像拨浪鼓一样：“赤手空拳去抢枪？怎么可能呢？”夏明翰说：“当然不能强夺，而要智取。我有一计，咱们如此这般……”潘心源听后迟疑了一下：“这样做行吗？”慕容队长更是急忙摆手，说：“这太冒险了。你可是领导，怎么能让你去冒险呢？”夏明翰把脸一沉，说：“我们不是领导，是随时准备为革命牺牲的战士。我们就这样做吧。”

这团防局里面的排长一向作威作福，欺压良善，平时在饭馆里白吃白喝都习惯了。这一天，敌排长像往常一样来到蒿山路边上一家饭馆。刚一进门，他看到有两个人在喝酒。他仔细一看，心里想：“这两个人怎么这么面熟？这不是共产党的大领导吗？我要是把他们抓住，岂不是立了大功？万一抓错了，放了不就得了？”他往身边一看，自己只带了一个勤务兵，心里开始嘀咕：“我们只有两个人，他们也是两个人，身上可能还有武器。我不能轻举妄动。”他悄悄地对身边的勤务兵说：“你回局里叫人，我在这儿盯着，让弟兄们都带上武器。”

**阅读拓展**

**★井冈山革命根据地**

井冈山位于江西省西南的罗霄山脉中段。1927年毛泽东率红军来到井冈山，建立了第一个农村革命根据地，开辟了“农村包围城市、武装夺取政权”的革命道路。

这一天，团防局有十几个团丁值班。他们一听说有共产党的大领导在这儿，立即一个人带一条枪就往饭馆方向跑。从团防局到饭馆，一定会经过一片小树林。他们刚跑到小树林里，忽然从树上跳下二十几个暴动队队员。暴动队队员们一人一个，把这些团丁扑倒在地，夺下枪支，然后把他们都捆了起来。

敌排长在小饭馆里还等着他的团丁呢，可是左等右等，他的人一直不来。他时不时地往饭馆外张望，就在扭头的一瞬间，忽然感到有人拍他肩膀。他吓了一大跳，不回头就去摸腰里的手枪，可忽然发现，腰里只剩下枪套了。这时，冰凉的枪口已经顶到了他的脑门上。原来，夺枪的正是夏明翰。夏明翰轻轻地把手枪的枪栓拉开，一个字都没说。这敌排长吓得腿都软了，赶紧求饶："大爷饶命，我不动，保证不动。"潘心源冲着夏明翰会心一笑，三下五除二就把敌排长捆了个结结实实，扔在地上。原来，这就是夏明翰的计策：夏潘二人在饭馆做诱饵，引得团丁来抓，然后半路夺枪。

浏阳的暴动队有了武器，真可谓如虎添翼。他们经过精心的组织和准备，成功地取得了暴动的胜利。三湘大地的革命火焰越烧越旺，渐成燎原之势。这为以后根据地的扩大、革命火种的传播，打下了良好的基础。

1928年3月18日，由于叛徒的出卖，夏明翰在汉口被捕。又是一次审讯，夏明翰镇定自若地走进来，昂首对着那个恶煞般的主审官怒目而视。主审官问："你姓什么？"夏明翰答："姓冬。""你明明姓夏，为什么说

姓冬？简直是胡说！”“我是按国民党的逻辑讲话的。你们的逻辑是颠倒黑白，混淆是非。你们把杀人说成慈悲，把卖国说成爱国。我也用你们的逻辑，把姓‘夏’说成姓‘冬’，这叫以毒攻毒。”无论主审官使用什么招数，夏明翰都不会让他从自己身上得到一点情报。敌人只好使出了最后的一招，宣布“就地处决”。

3月20日，反动派发现从夏明翰身上没有希望得到情报后，便将他送上了刑场。夏明翰泰然自若，连声高呼革命口号，接着高唱起《国际歌》。周围的群众都感动得流下眼泪，反动派在这凛然正气的震慑下胆战心惊。

行刑的时刻马上就到了。反动派问夏明翰：“你还有什么话要说吗？”夏明翰说：“我把要说的话写出来，给我拿纸和笔来！”反动派还希望夏明翰最后能供出点有用的材料来，便立即给他一支笔和一张纸。夏明翰接了过来，奋笔写了一首正气凛然的《就义诗》：“砍头不要紧，只要主义真。杀了夏明翰，还有后来人。”写完后，他大声念了一遍，把笔往地上用力一抛。

夏明翰用自己的生命谱写了一曲高亢的革命之歌，值得后人千古传唱。

**名人名言**

砍头不要紧，只要主义真。杀了夏明翰，还有后来人。

——夏明翰

# 飞兵天降永新城
## ——王尔琢

**杰出人生**

王尔琢，湖南石门人。1924年加入中国共产党。黄埔军校第一期学员。北伐战争时任国民革命军第三军第二十六团团长。1927年参加南昌起义，任起义部队第十一军第七十四团参谋长。1928年任工农革命军第一师参谋长、工农革命军第四军参谋长兼第二十八团团长。在江西崇义追击叛徒时英勇牺牲。

江西省崇义县思顺乡是一个十分偏僻的地方，可是就在思顺乡的虎形岭上，却长眠着一位赫赫有名的烈士王尔琢。这个地地道道的农民的儿子，被朱德发现了他的将才潜能，并被破格任命为工农革命军第一师参谋

长，成为当时最年轻的指挥官。然而天妒英才，这个骁勇善战的青年升为指挥官后不久就英勇牺牲了。当时担任工农革命军第二营营长的袁崇全，胁迫、欺骗一个步兵连和一个迫击炮连叛逃。作为袁崇全的同学兼老乡，王尔琢闻讯后立即率警卫排追赶。追到江西省崇义县思顺乡后，王尔琢努力做叛逃官兵的思想工作，使两个连的官兵又回到了革命队伍中。然而王尔琢不幸遭到袁崇全开枪射击，英勇牺牲，年仅二十五岁。

王尔琢有一个绰号，叫“大胡子团长”。话说1927年南昌起义以后，大部分革命队伍南下广东，王尔琢所在的第二十五师在南昌起义军第九军军长朱德的指挥下，与敌部激战三昼夜后，转战福建和广东交界一带。当时部队处处受到围追堵截，给养严重不足，不仅缺医少药，而且时值深秋，官兵们还只能穿着夏装。当时忙于革命事业的王尔琢一连几个月都没有时间理发剃须，战友开玩笑道：“看你满面胡须，头发挺长，简直就像思想家马克思。”王尔琢笑着回答：“革命不成功，不剃头，不刮胡子！”此后，大胡子团长的美名不仅军内皆知，而且威震敌军。

王尔琢最为人称道的是他英勇顽强的

**★南昌起义**

1927年8月1日，在中国共产党领导下，周恩来、贺龙、朱德等人率领革命军在南昌举行武装起义，占领了南昌城。南昌起义打响了武装反抗国民党统治的第一枪。

斗志和出色的军事指挥才能，他带领一个团的兵力飞兵天降永新城的故事被人们传颂。

话说1928年5月，王尔琢担任工农革命军第四军参谋长兼第二十八团团长。当时敌军大力“围剿”，王尔琢协助朱德率第二十八团、第二十九团出击遂川。当我军第二十九团走到黄坳这个地方时，遇到了敌军先头部队的一个营，我军轻而易举地将敌军击溃。全团将士非常高兴，都在欢庆胜利。这时王尔琢却十分冷静，挥手让大家安静下来。他从容地说：“同志们，这一个营只是敌人的先头部队，无意中和我们遭遇了。我判断，

**★朱　德**

字玉阶，原名朱代珍，伟大的马克思主义者，无产阶级革命家、政治家和军事家，中国共产党、中国人民解放军和中华人民共和国的主要缔造者和领导人之一。中华人民共和国十大元帅之首。

敌军的主力部队会跟在后面，而且必然会经过五斗江。五斗江地势险要，正好可以打他们个措手不及。”他指挥第二十八团飞速赶到五斗江，利用地形，设下了埋伏圈。第二天，天刚蒙蒙亮，侦察兵来报告：“团长，敌人果然来了，至少有两个团。”王尔琢轻轻一笑，说：“来得好，传我的命令，等到敌人全部都进了伏击圈再开枪，不要浪费子弹。”没多久，敌军的第八十一团和第七十九团就走进了我军事先布好的“口袋阵”。王尔琢看到敌军都进入了伏击范围，一声令下，枪炮齐鸣，把敌军打得晕头转向。在我军伏击之下，敌军第八十一团被全部歼灭。而敌军第七十九团见势不妙，扭头向永新县城方向逃窜。当时正下着倾盆大雨，我军将士乘胜追击，将敌军杀得丢盔弃甲，一举占领了永新县城。

敌军第二十七师师长杨如轩听说永新县城失守，便从吉安带领四个团，准备重重包围永新县城。王尔琢早有准备，他连一兵一卒都没留下，而是主动撤出永新，将一个空城留给敌人。部队向西走了不久，王尔琢就下令："全团急行军，往东走。"战士们都很纳闷，问："团长，敌众我寡，我们应该向西撤离，怎么能往回走呢？"王尔琢哈哈大笑，说："敌军怎么也想不到会在路上遇到我们，我们再打他们一个伏击。"杨如轩仗着自己的部队武器先进，派出两个团准备进攻宁冈，又派出一个团向西追击王尔琢的第二十八团。但他怎么也没想到，王尔琢带领全团一天就急行军一百三十多里，在敌人的必经之地草市坳设下了埋伏圈。敌人刚刚进入

草市坳，只听得一声枪响，随后前后左右的山上枪声四起，喊杀声震天动地。这一仗持续了一个多小时，这一个团的敌人全部被我军消灭。大家一边欢庆胜利，一边对王尔琢跷起大拇指：“团长，你真神！这下我们该往西撤离了吧？”王尔琢轻轻摇了摇头，说：“不，我们继续向东，重新到永新县城去。”大家一听都愣了，不解地问：“团长，永新可是有敌人一个师的兵力呀。而且县城的防御非常牢固，易守难攻，我们怎么能拿得下来呢？”王尔琢笑着说：“敌人是来了一个师，可是这个团已经被我们消灭了。杨如轩心狠手辣，至少会派出两个团到宁冈去。现在的永新，其实不会有多少敌人。我们现在去永新，一定能把它拿下。”

此时，敌军第二十七师师长杨如轩正坐在司令部里。他听着留声机，哼着小曲，心里正在想美事呢。旁边的参谋还拍他的马屁：“师座，咱们部队武器先进，那些红军泥腿子根本不是我们的对手，您就等着前方带来好消息吧！”杨如轩说：“那是，这次的头功，老子拿定了。”就在这时，忽听外面一阵枪响，然后几个士兵惊慌失措地闯进来：“师座，不好了，大胡子王尔琢杀回来了！”杨如轩气得大叫：“不可能！他不是已经西撤几百里了吗？难道是长了翅膀飞回来了？”参谋赶快说：“师座，逃命要紧，咱这县城守不住了。”杨如轩连衣服都没穿好，就急急忙忙地往城外跑，结果被流弹击中。英勇的大胡子团长王尔琢重新夺回永新县城。此后这段飞兵天降永新城的故事，就在当地流传开了。

**名人名言**

革命不成功，不剃头，不刮胡子！

——王尔琢

# 飘峰山上的红霞
# ——杨开慧

**杰出人生**

杨开慧，湖南长沙人，毛泽东夫人。1921年加入中国共产党。曾在中共湘区委员会负责机要兼交通联络工作。1923—1927年随毛泽东在上海、韶山、武汉等地开展工农运动和妇女运动。大革命失败后，回长沙板仓一带坚持秘密革命工作。1930年10月，因叛徒告密被捕，在狱中受尽酷刑，坚贞不屈，11月14日在长沙壮烈牺牲。

“不料我也有这样的幸运！得到了一个爱人！我是十分地爱他，自从听到他许多的事，看见了他许多文章、日记，我就爱了他。”这是杨开慧对自己和毛泽东的爱情的阐释。

在没见过毛泽东时，杨开慧就听过很多关于他的故事。她很好奇，这个人长什么样子呢？她期待着见到这个人。一个周末，杨开慧的父亲照例邀了他的学生毛泽东到家吃饭。他们在客厅聊天，杨开慧从门缝看过去，一位高个子、魁梧的男生就站在她父亲的身旁，短短的头发、棕色皮肤、圆脸，一身朝气。她父亲曾经提起过："毛泽东父辈都是农民，父亲现在转做小商贩，弟弟们都在乡下务农，外婆家也是农民，在这样的家庭长大，如此资质聪颖、俊秀，实在非常难得。"那高个子男生穿着校服，恭谦地站着，一副温文尔雅的样子。“应该不是他吧？”杨开慧心里猜想。因为在她的认知世界里，农民都是黝黑黝黑的，穿着粗布衣服，完全和文雅沾不上边。这就是杨开慧对毛泽东的第一印象。

一次，杨开慧的父亲在家里读一篇文章，忽然连连感叹：“好啊！有胆识，有气魄！栋梁之材，栋梁之材！”她很好奇，于是拿过来读了起来：“请问周边，还有几人执著于真理？还有几人探本于求源？一句开心就好，便甘愿随波逐流。……若我辈之人此心已无，则中华即将亡亦！中华亡则人类必亡亦！……故吾辈任重而道远，若能立此大心，聚爱成

行，则此荧荧之光必点通天之亮，星星之火必成燎原之势！”她被毛泽东的文章深深吸引，也被这个人的爱国热情所感染。于是，两个人顺理成章地成为灵魂的伴侣、工作的伙伴、革命的战友。

杨开慧的小名叫作“霞姑”，她也正如飘峰山上的红霞一般，在最艰苦的岁月中照亮革命的前程。1930年夏，红三军团攻打长沙后又撤离，我们党在湖南许多地方的地下组织暴露了行踪。福临乡乡长范庆熙向国民党湖南省政府主席何键告密，何键为了抓捕杨开慧，派出大量侦缉队队员前往板仓地区。此时，我们党地下组织也通知杨开慧，让她暂时离开板仓，到江西根据地去。杨开慧坚定地说：“越是困难时刻，越要遵循党的指示，坚定沉着，坚持斗争。敌人的疯狂是暂时的，革命一

**阅读拓展**

**★红三军团**

1930年6月，根据中共中央军委命令，红五军和红八军合编成红三军团，彭德怀任总指挥，全军一万余人。红三军团是中国工农红军主力部队之一。

定会胜利。”后来，即便她知道表弟向钧和堂弟杨开明被叛徒出卖后牺牲，仍然冷静地将党的机密文件藏好，坚持斗争。

10月下旬的一个晚上，杨开慧听到屋外有喧闹之声，她透过窗户向外看，看到至少有八十多名敌兵已经将屋子团团围住。杨开慧知道，为革命献身的时刻到了。她从容不迫地将手边的文件全部销毁，打开房门，面对一排排指向自己的枪口，淡然地说：“要走就走吧。”

敌人们刚开始把杨开慧带到长沙时，都兴奋地说：“杨开慧如能自首，胜过千万人自首。”审讯第一天，几个敌兵推着杨开慧去过堂，杨开慧斥责他们：“放开你们的脏手！我自己走！”她昂首挺胸地来到伪法官面前。伪法官把惊堂木在桌子上一拍，恶狠狠地问：“毛泽东在哪里？毛泽东的信放在哪里？”杨开慧非常沉着，坚定地回答：“不知道！”伪法官狞笑着说：“到这儿你还不说，你恐怕是不知道我们的手段吧。”杨开

慧轻蔑地一笑，说：“不就是严刑拷打吗？共产党人是打不垮的。来吧！”几个刽子手冲上去，用皮鞭、木棍狠狠地打。不一会儿工夫，杨开慧的后背已经全部皮开肉绽。杨开慧咬紧牙关，一言不发，直到疼昏过去。禽兽一般的敌人往她身上泼凉水，等她醒来继续打。就这样，每一次她疼昏过去，都被敌人泼醒了再打。直到下午4点多钟，她才被拖回牢中，身上已经血肉模糊。难友们看了难过得心如刀绞，眼泪止不住地往下流。杨开慧安慰大家说：“敌人没什么可怕的。一个人倒下去，千百万人站起来，革命一定会取得最后胜利的。”

第二天，等到敌人再次把杨开慧带到审讯室的时候，伪法官换了一副面孔，满脸奸笑地说：“你年纪轻轻，还有孩子，何苦呢？只要你登报声明，和毛泽东脱离夫妻关系，马上放你出去。”杨开慧斩钉截铁地说：“要我与毛泽东脱离关系，除非海枯石烂！”伪法官看到劝说无效，把手一挥，凶神恶煞一般的敌人再次用酷刑折磨杨开慧。

就这样，二十多天过去了，杨开慧在伪警备司令部、清乡司令部和伪陆军监狱署被反复折磨。每一天回到狱中，杨开慧仍然乐观地告诉难友们：“敌人越凶残，说明他们越心虚。革命的星星之火，一定会成燎原之势。最终的胜利，一定是属于共产党领导的全国人民的。”她的伤势很重，但是六舅妈每次带来的饭菜，她都分给大家吃。最后，敌人连一个字的情报也没搞到手，最终狠下毒手，杨开慧为党的事业奋斗到了她生命的最后一息。

1930年11月14日，杨开慧英勇就义于浏阳门外识字岭，年仅二十九岁。为了纪念这位伟大的共产主义女战士，人们在她的家乡建立了杨开慧纪念馆，供人们凭吊和纪念。

**名人名言**

砍头只像风吹过！死，只能吓胆小鬼，吓不住共产党人！

——杨开慧

# 和工人贴心的交通官员——何孟雄

## 杰出人生

何孟雄，湖南酃县（今炎陵）人。1920年参加北京马克思学说研究会，并加入共产主义小组。1922年领导京绥铁路车务工人罢工，创建京绥铁路总工会。1926年起任中共湖北区委组织部部长，江苏省农委书记兼军委秘书，上海沪西、沪中、沪东区委书记。1931年在上海被国民党逮捕杀害。

何孟雄和其他早期的革命家很不相同，他从小的生活条件十分优越。当年何家在当地是大户人家，据说何家有一个大院，光房间就有一百多间，院内的天井有十七口之多，后来子孙增多，慢慢分家了。何孟雄的父亲何伟丞是当地知名的私塾教师，育有三男三女，何孟

雄是最小的一个。何孟雄从小就聪颖好学，九岁就读上了当地的初小。不过何孟雄成绩虽好，却并不是个“乖学生”，他性格倔强，而且非常调皮，上学时因不满学校陈旧的规章制度和老师刻板的教育方式，故意与老师作对，因此屁股上挨过不少板子。辛亥革命之后，他是同学们当中最早剪掉辫子的人。真可谓“行为偏僻性乖张，那管世人诽谤”，他是一个绝不媚俗的性情中人。

1920年在李大钊的带领下，何孟雄加入了早期的共产党组织。

1922年夏天，何孟雄以交通部密查员的身份来到京绥铁路工作。工人见来了一位文质彬彬的官员，本打算敬而远之。谁知道这位官员一点架子都没有，下班之后主动和他们聊家常。时间长了，围在这位叫何孟雄的官员身边的工人越来越多。后来，何孟雄以研究所的名义，改建工会，大字不识一个的工人师傅们就在工会里学知识、学文化。工人们从何孟雄那里听苏俄革命，听世界大事，听欧美的工人如何与资本家斗争，知道了帝国主义通过资本家剥削工人、侵犯我国主权的事实。

★**李大钊**

中国最早的马克思主义者，中国共产党的主要创始人之一，同时也是学识渊博、勇于开拓的优秀学者，为中国共产主义运动和民族解放事业做出过伟大的贡献。

京绥铁路是当时我国唯一的国有铁路，美国等帝国主义国家一直想攫取它的管理权。1922年5月1日，美国强迫当时的交通总长高恩洪同美国签署了以京绥铁路抵押外债的卖国合同。何孟雄组织爱国工人到北京的总统府、众议院请愿，迫使当时的北洋政府撤销合同，惩办了京绥铁路局的局长，维护了国家权益。

10月的一天，何孟雄又来到铁路沿线视察工作。这时，他看到有一位年轻的工人倒在地上。他以为这位工人病了，马上把他扶起来。这时旁边聚集过来几位工人，告诉何孟雄：“何先生，他没病，他是饿的。大伙都是这样，饿着肚子干着这些不是人干的活儿，铁打的身子也受不了呀。”何孟雄关切地问：“你们没领到工钱吗？”工人们答道：“这帮黑心的资本家，成天就知道剥削我们。这些军阀天天

**阅读拓展**

**★北洋政府**

1912—1928年由北洋军阀控制的中华民国北京政府的通称。1912年2月15日，袁世凯取得中华民国临时大总统一职，标志着北洋政府统治的开始，直到1928年张学良宣布改旗易帜后才正式结束。

只顾着打仗，物价天天涨。我们的工钱本来就少，这不，已经八个月没发工钱了。”

离开工地后，何孟雄一心想着这些工人，不停地叹气。下班后，他没有回家，直接来到工人住的地方。工友们看到何先生来了，都围拢了过来。何孟雄说：“我到各家看看吧。”他抬眼看去，只见到处都是低矮的临时工棚。他到屋子里面一看，只见四处漏风，几乎和外面一样冷。他打开工人们的米缸，里面基本上都是空的。往床上看，只能看到肮脏的破棉絮，连条稍微完整的被子都没有。此时已经是深秋时节了，只见好多孩子面黄肌瘦，穿着单薄的衣服，在冷风中瑟瑟发抖。何孟雄问：“孩子们怎么不上学呀？”工人们七嘴八舌地说：“上什么学呀！几个月都领不到工钱，连学费都交不起。孩子们能活下来就不错了。”何孟雄擦了擦湿润的眼睛，平静了一下心情，哽咽着问：“你们这样的情况，没有给铁路局反映过吗？”工人们说：“怎么没有？我们已经请愿三次了，这新来的局长根本不理我们。他的那些狗腿子，把我们连打带骂地赶了出来。”何孟雄说：“工人师傅们，将来我们有了人民的政府，就一定能为人民办事情。现在这些铁路部门的官员，都是些大资本家、大地主的代言人。向他们请愿是没有用的，我们只有罢工，才能让他们答应我们的合理要求。”

10月26日，在何孟雄的组织下，工会向局方提出七条十一款要求，限局方二十四小时内答复。27日，张家口开往北京的列车停运，工人们开始走上街头，演讲、贴标语、散发传单。敌人企图私自把火车开动起来，工人们聚集到斯安街东口，光着膀子卧在铁轨上，列车只能被迫停下来。

敌人派士兵抓走了工会会长李连升，何孟雄把工人们聚集起来，告诉他们："工友们，坚持就是胜利，我带领大家，一定坚持斗争！"终于，国民党当局找不到任何理由治李连升的罪，只得将他无罪释放。李连升出狱后，就代表工人们和交通总长高恩洪继续谈判。面对工人们的合理要求，高恩洪只能答应。就这样，工人们终于得到了拖欠八个月的工钱，工资也得到了合理的提高，罢工取得了胜利，何孟雄带领工人们争取到了自己的合法权益。

**名人名言**

中国要实业发展、国家富强，只能实行社会主义。

——何孟雄

# 三河坝战役立奇功
# ——李硕勋

**杰出人生**

李硕勋，四川庆符人。五卅运动中，当选为上海学生联合会代表和全国学生总会会长。1927年春任国民革命军第四军第二十五师政治部主任，10月受朱德委派，赴上海向中共中央请示汇报。后留白区工作，为长江下游军事斗争做出重要贡献。1931年7月至海南岛参加当地红军游击队会议，不幸在海口被捕，9月遇难。

1925年，当时的中国陷入军阀混战中，民生凋敝。面对这样的境况，年仅二十三岁的李硕勋在给他哥哥的信中写道："我的人生观是革命，我的生活也就是革命了！"在白色恐怖的严酷环境中，他没有动摇、没有悲

观，而是义无反顾地投入如火如荼的斗争中。他的毕生追求是："我们认清只有用彻底的革命手段，坚决打倒帝国主义，废除一切不平等条约，才是我们死里求生的唯一出路。弟近来对于一切都置之度外，将此伟大的使命做终生之奋斗。"

从这封家书中可以看出，李硕勋决定舍小家顾大家，专心于革命事业。他在北伐战争驻马店战役中身先士卒，连克顽敌。他曾带领部队参加南昌起义。在南下广东的会昌战役中，李硕勋与师长周士第共同参与指挥，并取得胜利。1929年秋，李硕勋和李维汉一起领导

江苏的武装斗争，发动和领导了苏北的农民起义，把苏北南通、海门、如皋、泰兴等地的农民武装统一改编为中国工农红军第十四军。1931年他受党安排到广东、香港开展工作。后来他在海南岛因叛徒出卖，不幸被捕，牺牲时年仅二十八岁。

李硕勋多才多艺，无论是写文章、行军打仗还是做地下工作，都是一把好手。他在三河坝战役中显示出的军事才干尤为突出。

那是在1927年9月18日，李硕勋在朱德同志的领导下，率领历经北伐、南昌起义的第二十五师来到广东大埔县三河坝，承担起牵制和防御从梅县和闽西来的敌军，以掩护周恩来、贺龙、叶挺、刘伯承同志带领的南昌起义军主力南下潮汕的任务。当时第二十五师只有三千多人，而敌人三个师共两万多人从梅县松口沿海江来犯。任务艰巨而危险，但是李硕勋带领战士们凭借大江天险，提前构筑防御工事，做好了与敌人隔江对峙的准备。

10月1日，敌军沿韩江北岸开始进攻。敌军武器装备比我军要先进得多，而且数量几乎是我军的十倍。李硕勋顾不上这些危险，冒着枪林弹雨，亲临前线指挥战斗。我军用猛烈的炮火阻击了试图过江的敌人。敌军耗费了整整一天的时间，无一人登岸成功。到了傍晚时分，同志们在吃饭时高兴地互相庆祝。而李硕勋却显得非常冷静，他从容地对大家说："敌人虽然暂时被我们击退了，但敌众我寡，他们还会卷土重来。我们务必坚守河边阵地，歼灭敌人，牵制敌军，为起义军继续前进创造良好条件。"他清了清嗓子，坚定地说，"我们要发扬'铁军'叶挺独立团攻打汀泗桥、贺胜桥和武昌的战斗精神，要发扬会昌歼敌的勇猛精神，坚守三河坝，随时准备为打倒军阀、统一祖国而献身，为中国人民的革命事业流尽自己最后一滴血。”他指向一个制高点说道：“我们必须马上占领那个制高点，这样才能夹击敌人。”

第二天，敌军果然攻势更猛烈了。但由于李硕勋预判准确，我军占据了制高点，采取双向夹击的战术，敌人的进攻被一次次地打退。到下午6点左右，敌军的两万多人已经基本到位。看到对岸密密麻麻的敌军，李硕勋冷静地说：“同志们，敌人一定会趁着天黑强行渡河，我们千万不要紧张。在敌人过河时，不要早早开枪，要节省每一颗子弹。等到敌船走到江心时，听我的命令一起开火。”

当天晚上，果然有十几艘敌船趁着夜色向我方驶来。我军将士听从李硕勋的指

阅读拓展

**★叶挺独立团**

又称国民革命军第四军独立团，是中国北伐战争中一支著名的部队。1925年11月21日在广东肇庆成立，1926年1月，正式改为国民革命军第四军独立团，是第一次国共合作时期由中国共产党直接领导的一支革命武装。

令，一枪不发。敌人以为奸计得逞，当船只走到江心时，只听李硕勋一声令下：“打！”密集的枪火向敌船射去。这十几艘船上的敌人有的被击毙，有的跳水，有的因为舵手被打死随船顺江而下。一个敌人都没能靠近我方岸边。

大家还没来得及庆祝，李硕勋便沉着地说道：“敌人一定会再来的，大家睁大眼睛，提高警惕。”果然，

到了后半夜，从梅江方向一下子驶来了五十多艘船。我军还是在江心处截击，但毕竟敌船众多，到底还是有三百多个敌人登上了岸。李硕勋大吼一声：“我们的阵地一步也不能丢，杀呀！”

他拿起武器，第一个冲了出去。战士们奋不顾身地冲向敌阵，敌人死的死，被俘的被俘，无一漏网。

到了第三天拂晓，江面上大雾弥漫。敌人分三面进攻，企图让我军腹背受敌。李硕勋挑选出最英勇的一小部分战士兵分三路，占据数个制高点，击退敌人的一次又一次进攻。正是在李硕勋带领的第二十五师的掩护下，我军主力部队边打边退，从西南方向突围，10月5日到达饶平，与其他主力部队会合。

此次三河坝战役，我军以弱胜强，消灭敌人三千多人，缴获大量武器，掩护了主力部队的转移，为此后开辟革命根据地保存了火种，在军事史上写下了浓墨重彩的一笔。

**名人名言**

随时准备为打倒军阀、统一祖国而献身，为中国人民的革命事业流尽自己最后一滴血。

——李硕勋

# 地雷阵巧退敌军

# ——韦拔群

**杰出人生**

韦拔群，广西东兰人，壮族。1926年任东兰县农民协会军事部部长。大革命失败后，在右江地区领导农民自卫军开展游击战争。1929年加入中国共产党，同年参加领导百色起义，参与开辟右江苏区。1930年第七军主力开往江西后，留在当地坚持斗争，任右江独立师师长。1931年当选为中华苏维埃共和国执行委员。在东兰被叛徒暗杀。

讲起韦拔群同志的牺牲，人们都感到十分惋惜。1932年，国民党将领白崇禧指挥拥有先进武器的近万人军队，对东兰县西山进行空前规模的“围剿”，我军代价惨重。10月19日凌晨，长期被饥饿和劳累折磨的韦拔

群正发着高烧策划下一步的战斗准备，被叛徒韦昂暗杀于广西东兰赏茶洞，时年三十八岁。韦拔群不仅革命意志坚定，而且有勇有谋，在艰苦的条件下能够长期坚持斗争。其中最有传奇色彩的是主力部队北上之后，他带着不足百人的革命队伍，巧用地雷，击退上万敌军的故事。

1930年10月，红七军奉命北上，右江苏区仅留下七八十名体弱有病的战士。韦拔群坚持斗争，并不断扩大革命根据地，壮大武装力量。桂系军阀白崇禧派出第十九师师长廖磊指挥近万军队，兵分三路，大举向苏区进攻。白崇禧得意扬扬地对身边人说：“我用近万人的部队，杀韦拔群不足百人的队伍，还不是手到擒来？从此我们广西再无共军咯。”

1931年农历二月初，韦拔群估计廖磊的部队快到东兰县城了，就把大家召集起来，说：“敌众我寡，县城我们是守不住的。但敌人能够活着进来，甭想活着出去。大家在县城内外所有的交通要道，包括学校操场、隘口，都埋上地雷。”当廖磊的部队来到县城之外的时候，探路的士兵前来报告：“师长，共军都跑光了，这东兰只剩一座空城了。”廖磊把胸脯一挺，眉毛一扬，仰天大笑道：“共军这点人，不跑还等着送死吗？我们要敲锣打鼓地进城，让这些泥腿子瞧瞧，以后这里没

**★红军**

1928年5月25日，中共中央颁布《军事工作大纲》，其中规定：“割据区所建立之军队，可正式定名为红军，取消以前工农革命（军）的名义。”当时毛泽东、朱德领导的工农革命军第四军改称为红四军。

共军了，是我廖磊说了算。”就这样，敌军大摇大摆地进城。谁知东边一声巨响，西边一场炸雷，到处火光冲天，炸得敌军乱了阵脚，抱头鼠窜。这一下，炸死的、踩死的、吓死的，不计其数。

退到城外之后，廖磊气得吹胡子瞪眼睛。这时，旁边有个参谋给他出主意：“师座，咱们再去追共军的时候，拉一些牛走到前面，万一有地雷，弟兄们就伤不着了。”廖磊一听，连忙称是。这些敌人又强行拉走老乡们的耕牛，让耕牛在前面踩雷开路。

一大群耕牛过去了，没有地雷响。廖磊说：“看来没事，弟兄们，跟上牛群。抓住共军，我赏大洋。”敌人刚走到刚才牛群经过的地方，只听到处都是巨响。原来，智勇双全的韦拔群早有防范，有好多地雷是“活地雷”，也就是不拉不响，拉了才响。就在道路旁边的树上、房顶上，到处都有假扮成老乡的战士。他们在牛群经过的时候不动，等到敌军经过时才拉响引线。这一下，又把敌军炸得魂飞魄散。前面已经过去的牛群受了

惊吓，掉头狂奔，敌军又被“疯牛阵”踩死踩伤许多。

转眼间到了农历二月初七，在“地雷阵”中受到重挫的廖磊带领敌军进山“搜剿”红军。熟悉地形的韦拔群指挥战士们散布山中各处，神出鬼没地袭击敌军，打得敌军晕头转向。正在大家都十分高兴的时候，韦拔群说：“同志们，敌人这次来了近一万人，你们说，他们下一步该干什么了？”战士们面面相觑，都说不出来。韦拔群哈哈一笑：“同志们，人是铁饭是钢。敌军这么多人，他们的粮食也该吃得差不多了，我估计他们一定得从盘阳这个地方运粮。咱们埋伏好了，把这些粮食都抢过来！”他派出一个小分队，悄悄地埋伏在敌军运粮的必经之路上。第二天早上，敌军的押粮车刚经过此地，只听到一声枪响，英勇的红军战士就杀了出来。战士们把押粮的敌军打得死的死、逃的逃，一下子夺回了几十担粮食和蔬菜。这一下，敌军的给养都供应不上，士气严重受挫。

气急败坏的廖磊这下着了急，他派出敌军进山，见山洞就放枪，见群众就滥杀无辜。敌军搜了一个又一个山洞，却根本找不到韦拔群的影子。廖磊一计不成，又生一计，他派人到处张贴布告：“谁能活捉韦拔群，赏七千元。”

这一天，韦拔群带领部队路过善学乡，

看到了这个悬赏的布告，哈哈大笑说：“让我也来写一张！”他拿起纸笔，写下“谁砍得廖磊的狗头，赏一个铜板”。然后他让战士贴到了路口。等到廖磊赶到时，不见红军的人影，却见到了这张羞臊他的布告，他气得大叫：“快去把它撕下来！”许多士兵赶紧去撕布告，哪知布告下面埋着地雷呢，只听轰的一声巨响，那些敌兵被炸得血肉横飞，廖磊也被吓得魂飞魄散。

就这样，韦拔群用自己的智慧和胆识，带领几十名战士，把近万人的敌军耍得团团转。这个地雷阵巧退敌军的故事，也在广西大地上流传开来。

**名人名言**

目前的斗争好比攀登高山，越是感到艰苦吃力的时候，也是越接近山顶的胜利时候！我们要像山崖的马樱花一样，顶风傲雪，永不凋谢！

——韦拔群

# 打麻将智退军警
## ——罗登贤

**杰出人生**

罗登贤，广东南海人。1925年加入中国共产党，曾参加省港工人大罢工和广州起义。“九一八事变”后，任中共满洲省委书记兼组织部部长，领导东北人民创建抗日武装队伍。是中共第六届中央政治局委员、中华苏维埃共和国中央执行委员。1933年3月，因叛徒出卖在上海被捕，同年8月于南京雨花台英勇就义。

“大雪压青松，青松挺且直。要知松高洁，待到雪化时。”这首诗是陈毅元帅以物喻志的名作，赞扬那种不畏艰难、雄姿勃发、愈挫愈勇的精神。而这恰恰也是罗登贤短暂而又波澜壮阔的一生的写照。

罗登贤原名罗举，亲友们都叫他“阿举”。1925年，他光荣地加入中国共产党，同年6月，省港大罢工拉开帷幕，罗登贤多次领导工人进行游行、示威、罢工等革命行动。在罗登贤短暂的革命生涯中，曾三次遭到敌人逮捕，但他始终坚贞不屈。

第一次是在1922年。当时他发动太古船厂工人响应海员大罢工号召，带领工人罢工，迫使资本家同意了增加工资的要求。后来资本家勾结香港当局，以罗登贤闹工潮为由逮捕他，并判处了半年徒刑。但坐牢不但没有动摇罗登贤的革命信念，反而更坚定了他坚持斗争的决心。出狱后，他又立即投入了新的战斗。

第二次是在1928年。当时他正在和邓中夏等人开会，突然遭到香港警察搜查而被捕。由于敌人找不到证据，加上党组织的营救，罗登贤等才得以被保释出狱。出狱后，别人问他：“你不怕再坐牢吗？”他斩钉截铁地回答：“怕死、怕坐牢就不要革命。我虽赴汤蹈火，但万死不辞。”

第三次是在1933年。由于叛徒告密，他在上海公共租界被国民党勾结英国巡捕所逮捕。在法庭上，法官叫罗登贤供出他的“反动言行”。他怒不可遏地说：“你们给我的罪名是‘反动分子’。我要告诉你们，我的经历是，在1925年组织领导了省港大罢工；现在刚从东北回来，在那儿我同义勇军一道作战，打击日本强盗；我曾在上海日本纱厂参与组织罢工。那些全

**阅读拓展**

**★省港大罢工**

1925年6月19日，为了支援上海人民五卅反帝爱国运动，广州和香港爆发了省港大罢工，此次罢工历时一年零四个月，是世界工人运动史上时间最长的一次大罢工。

是反对帝国主义的斗争，难道这就是我被控告从事‘反动活动’的理由吗？”他的义正词严，批驳得法官无言以对，狼狈不堪地中止了“审讯”。他把敌人的法庭，变成了审判敌人的法庭。1933年8月，二十八岁的罗登贤被敌人秘密杀害于南京雨花台。

罗登贤不仅是一位革命意志非常坚定的优秀的共产党员，同时也胆大心细，灵活机智，具有丰富的斗争经验。他总是掩护同志们先走，自己最后一个离开。他要在最短时间内决定是否要把党的秘密文件烧毁。

在香港的时候，有一次罗登贤正与几位同志在他们住的三楼开会。突然，从二楼传过来嘈杂的喧闹声。罗登贤向负责警卫的同志使了个眼色。这位同志透过门缝往下一看，马上紧张地说：“不好，来了许多军警。”其他几位同志一下子变得紧张起来，马上小声对罗登贤说：“快把文件烧了，千万不要落到敌人手里。”罗登贤非常镇定地说：“先别慌，他们的脚步声并不急，不像是直接到我们三楼来的。”他慢慢地走到门前，往楼下看，只见几名军警正在二楼和几个住户说着什么，军警的表情并不是特别紧张，说的话听得不是太清楚，好像是什么“最近有没有抽大烟”之类的。罗登贤扭过头，小声地对大家说：“这些军警不一定是冲着我们来的。你们先慢慢地走，边走边说笑，装出打牌输了几个小钱的样子。留下三个人和我打麻将。”

同志们听了罗登贤的话，不慌不忙地边走边聊，嘴里嘟囔道：“今天手气真背，又输了几块钱。”他们从军警身边走过，军警并没有在意。此时，罗登贤好像准备浇花似的，把窗台的花盆拿了进来。其实，这个花盆是个暗号，花盆在外说明安全，花盆进屋就说明危险。罗登贤把花盆拿进来，是提醒其他来开会的同志远离此地。

正在这时，几名军警来到三楼。他们定睛一看，只见罗登贤他们四个人正在稀里哗啦地打麻将。罗登贤装出一副阔少爷的样子，叼着烟卷，光着一只脚踩在凳子上。他斜着眼看着进来的军警，非常镇定地说："几位老总，今天怎么这么有空呀？我们哥几个打打麻将，不犯法吧？"军警扫视了他们几个，问："二楼的人你们

认识吗？”罗登贤镇静地说：“不认识，我们来这儿时间也不长。怎么了？”军警说：“听说二楼有人抽鸦片，我们来查一查。”罗登贤听到此话，心里镇定了许多，这说明他之前的猜测是对的。他慢腾腾地站起身，搬过来几把凳子，笑着对几名军警说：“这么热的天，几位老总坐下来歇会儿。”然后，他开始给几名军警递烟，边点烟边说：“几位老总也不容易，要不坐下来喝点茶，打几圈麻将？”

几名军警点着烟，四下看看，看不出有什么异常，于是笑着对罗登贤说：“唉！官差不自由呀！哪有时间打麻将呀！以后如果你们注意到二楼有什么人抽大烟，及时通知我们，到时我们还有赏金呢。”罗登贤满脸堆笑，对几名军警说：“是吗？那敢情好！再说，这也是我们市

阅读拓展

**★鸦片**

俗称大烟，是从尚未成熟的罂粟果中取出的乳状液体，干燥后变成淡黄色或棕色固体，味苦。医药上用作止泻药和镇痛药，用后容易成瘾，是一种毒品。

民应该做的。”几名军警叼着烟，笑着说：“麻烦几位了，我们先走了。”说着扭头就往楼下走了。几名军警走了之后，一起打麻将的几位同志小声地对罗登贤说：“罗委员，真有你的！我们几个刚才手心里都是汗，你怎么那么镇定？你就不怕他们把文件搜出来？”罗登贤说：“我们做地下工作的，一定要胆大心细。党的重要文件是我们工作的方向和指针，不到万不得已，轻易不能烧毁。”正是在胆大心细的罗登贤的领导下，我们党在香港的地下工作在很长一段时间内能够顺利进行。

**名人名言**

我是始终要为无产阶级利益奋斗的，什么也不能动摇我，我将我的生命献给我们的党与无产阶级。

——罗登贤

# 赤膊上阵勇夺多伦城
# ——吉鸿昌

**杰出人生**

吉鸿昌，抗日爱国将领，河南扶沟人。1933年5月联合冯玉祥、方振武等在张家口组织察哈尔民众抗日同盟军，任第二军军长兼北路军前敌总指挥，收复多伦等地。同年10月，同盟军在国民党军队和日伪军夹攻下失败。1934年加入中国共产党，在天津继续抗日活动，同年11月被国民党特务刺伤被捕，后在北平陆军监狱英勇就义。

1931年9月，吉鸿昌将军由于矢志抗日，反对蒋介石对自己的同胞下手，被蒋介石逼迫下野，到国外“考察实业”。可是没想到，一到美国，这位爱国将军就遭遇了接二连三的意外。一下船，首先是要找一家合适的

旅馆，可是那时候美国的头等旅馆是不接待中国人的，而对于同样是黄种人的日本人他们却热情相待。更可气的是，有一次，吉鸿昌去邮局往国内寄东西，邮局职员竟然说世界上已经没有中国这个国家了，这让吉鸿昌异常愤怒。在他刚要发作，想和对方好好理论一番时，陪同他出来的使馆参赞劝道："你为什么不说自己是日本人呢？只要说自己是日本人就可受到礼遇。"吉鸿昌听后非常生气，当面训斥他："你觉得当中国人丢脸吗？可我觉得当中国人光荣！"为了维护中华民族的尊严，为了给国外的同胞树立自信，他找来一块木牌，用英文在上面写道：“我是中国人！”从此，他只要出门，就会把这块木牌挂在胸前。这就是他的民族气节。

吉鸿昌也是一名作战勇猛的战士，他有勇有谋，屡立战功。1933年5月，在坚决抗日的中国共产党的领导和帮助下，冯玉祥将军在张家口建立察哈尔民众抗日同盟军，吉鸿昌任第二军军长和北路军前敌总指挥，接连攻克康保、宝昌、沽源、多伦四县，将日军侵略者赶出了察哈尔。可惜蒋介石的军队不予援助，吉鸿昌将军的部队到10月因弹尽粮绝而失败。之后，吉鸿昌在天津组织中国人民反法西斯大同盟，并被推为大同盟中央委员会成员。他联络旧部，训练骨干，秘密组织抗日武装、印刷抗日报纸，进行抗日活动。1934

**阅读拓展**

**★察哈尔民众抗日同盟军**

又称察绥抗日同盟军，是在中国共产党的推动、帮助下，1933年由冯玉祥、吉鸿昌、方振武等爱国将领在察哈尔省组织的一支抗日部队，由冯玉祥担任总司令。

年11月9日，吉鸿昌在天津被军统特务暗杀受伤，遭到敌人逮捕。敌人用尽酷刑拷打逼供，吉鸿昌早将生死置之度外，将审判法庭变成宣传抗日的舞台，他说："我为抗日而死，死得光明正大！"1934年11月24日，年仅三十九岁的吉鸿昌将军被杀害。

吉鸿昌将军一生为人光明磊落，指挥战斗有勇有谋。他一生杀敌无数，打过无数次大胜仗。其中，他赤膊上阵收复多伦城的故事，尤其为人称道。

1933年7月，吉鸿昌将军带领全军战士英勇作战，先后从日军手中收复康保、宝昌和沽源三地。当部队来到多伦城外的时候，吉鸿昌将军远远望着多伦城，心中无限感慨："多伦城，多么美丽的地方，无论我吉鸿昌付出多么大的代价，一定要把它从日本侵略军手里夺回来！"

7月7日晚上11点，吉鸿昌将军一声令下，我军兵分三路，开始强攻多伦城。日本侵略军十分狡猾，在城外挖了许多深深的战壕。敌军龟缩在战壕里，用疯狂的炮火阻挡我军战士的攻势。无数名战士冲上去，还没冲到战壕边，就倒在血泊之中。就这样，一批战士倒下去，又一批战士冲上去。经过一昼夜的激战，到了8日凌晨，我军终于夺取了两道战壕。抬头望去，多伦城的城墙就在前面不远处了。

天亮了，我军正要攻城之际，日军的飞机又盘旋在我军刚夺取的战壕上面，不停地狂轰滥炸。我军战士个个视死如归，炸弹的硝烟未尽，我军就冲向多伦城边。城外还有一些日军负隅顽抗，但我军将士众志成城，一次次将敌军击退。到下午6点时分，右路军已经将敌人打散，缴获大量枪支弹药，俘虏敌军近三百人。

我军和日军在8日这一天又是从白天打到晚上，又从晚上打到9日凌晨。这时，我军已经夺取多伦城外全部阵地。吉鸿昌将军一声令下："攻城！"但是这多伦城原来就是军事重镇，城墙又高又厚，可谓固若金汤。敌军龟缩在城墙之上，居高临下，对着我军战士疯狂射击。我军战士一次次冲到城边，又一批批地倒下。

就在10日这天早上，吉鸿昌将军急得瞪红双眼，大吼一声，把上衣一脱，带领战士们赤膊上阵。战士们看到吉鸿昌将军如此勇猛，也都不顾一切地往城墙攻去。就这样，吉鸿昌将军亲自带领敢死队三次攻城，三次被猛烈的炮火击退，我军伤亡达二百四十多人。

又一个昼夜过去了，到了11日。吉鸿昌将军带领战士们继续猛攻，可这时我们的枪支弹药已经不足，许多冲上城墙的勇士都是拿着大刀与敌人血肉相搏。同时，敌人的飞机还在高空盘旋，对我军不断狂轰滥炸，我军伤亡非常惨重。当天晚上，吉鸿昌将军急得水米不进，来回踱步。他冷静思考了一番，最终想出一条妙计。他对副官说：“今天晚上，你带上四十多个弟兄，扮作回民潜入城去，就藏身在清真寺里。明天白天我们攻城时，你们在里面接应。”副官马上挑选出四十多名最能干的战士，打扮成小商贩模样，分批潜入了多伦城。

12日这天天亮之后，吉鸿昌命令部队后撤休息。敌军看到这一天平静得出奇，马上将情况报告给长官。

敌军长官拿望远镜一看，不禁哈哈大笑："看来吉鸿昌是要撤退了。你们看，他们前几天死了那么多人才夺取的战壕，现在都放弃了。你们想想，昨天有几名冲上城墙的士兵，连枪都没有了，都是拿着刀来拼命的。这说明什么？说明吉鸿昌没弹药了，他们放弃攻打多伦城了。"就这样，敌军只留下小部队在城墙上监视，其他的回城休整了。

到了这天晚上12点，只听城外一声巨响，吉鸿昌将军带领着敢死队的战士，一个个光着膀子，挥舞着大刀向城头冲去，喊杀声惊天

动地。此时，城里潜伏了一天的战士们开始里应外合，共同杀敌。好多敌人没听到枪声，并不知道我军已经攻上来了，有的敌人还不知道怎么回事，脑袋就被砍掉了。那些明白过来的敌人都大叫着："不得了啦，吉鸿昌已经攻进城里来了，快逃命吧！"我军战士都是赤膊上阵，杀上城墙之后，见到穿军服的挥刀就砍。跑得慢的敌人多被砍死，跑得快的敌人一旦摔倒，也会被后面跑的人踩个够呛。

到了13日早上10点，南门和北门都被赤膊上阵的勇士们攻破。此时

已经天亮，我军和敌军已在城中巷战，并且都是贴身肉搏。敌军又派来许多飞机，但多伦城里早已乱成一团，你中有我，我中有你，飞机无法轰炸，只好无功而返。

经过三个小时的激战，在我军将士的强大攻势面前，日军死的死，逃的逃，多伦城终于又回到了我们中国人的手里。

**名人名言**

恨不抗日死，留作今日羞。国破尚如此，我何惜此头！

——吉鸿昌

# 狱中作诗斥顽敌
# ——刘伯坚

杰出人生

刘伯坚，四川平昌人。1920年赴法勤工俭学，1922年6月与周恩来等发起成立旅欧中国少年共产党，同年转入中国共产党。大革命失败后，到上海从事秘密革命工作。1928年前往莫斯科学习。1930年回国，任中央军委秘书长、工农红军学校政治部主任。中央红军主力长征后，任赣南军区政治部主任。1935年3月遭国民党军队包围，重伤被俘，后英勇就义。

刘伯坚从小便天资聪慧。少年时的他酷爱武术，为了能练得扎实的基本功，他每天用双手各提一桶水，嘴再咬一桶水从山上往家里挑水。凭借超凡的毅力和持之以恒的锻炼，他终于习得一身好武艺。刘伯坚文武双全，尤其是文笔极其好，年纪轻轻就崭露头角，在当地小有名气。

一次，当地的一位官员把刘伯坚叫到自己的办公室，和他讨论为官之道，本想怀着伯乐之心给这个“千里马”一次机会，直接让他做县长。可是没想到，刘伯坚对这些世俗名利十分鄙视，根本就不看好那个充满了腐败与堕落的社会，他要用一生去追求中华民族的独立和国家的富强。

怀着这种梦想，1921年，刘伯坚和周恩来等人一起组织在法国留学的同胞，组成了旅欧中国少年共产党。这些无时无刻不在牵挂着祖国的进步青年，在异国他乡用自己的方式助力中国的革命。1922年，党组织看到了刘伯坚同志对共产主义的坚定信仰与执着追求，于是决定吸纳他为正式的中国共产党党员。1928年，刘伯坚再赴苏联求学，深入学习马克思主义思想和俄国革命的成功经验。1930年回国后，为了更好地发挥自己的所学，刘伯坚长期在中央革命根据地工作，参加了历次反“围剿”斗争。1934年10月，中央红军主力出发开始长征，刘伯坚奉命留在中央苏区坚持斗争，在率部队转移突围时，不幸负伤被捕。

那是在1935年3月，刘伯坚随着中央苏区最后一支突围的部队，与敌人展开激战。当时，前来“围剿”的敌军数倍于红军，武器装备也要先进得多。但是，刘伯坚在战斗中展现了出色的军事指挥才能，多次打退敌人的进攻。在这样艰苦的条件下，这场敌众我寡的战斗坚持了一天一夜，战况异常惨烈。身边的战友们一个又一个倒下了，敌军的包围圈越来越小，但是刘伯坚深知，自己的部队多坚持一会儿，多牵制敌军一会儿，就能保证主力红军突围。身边的战士们越来越少了，警卫战士们也都牺牲了，但刘伯坚始终没有退缩。步枪子弹打光了，他就用手枪继续还击。最后，他身中数弹，特别是左腿负了

**★旅欧中国少年共产党**

1922年6月，旅欧的中国先进青年周恩来、刘伯坚、赵世炎、蔡和森等人，为了宣传马克思主义，在巴黎建立的共产主义青年组织，后改称为旅欧中国共产主义青年团。

重伤，落入了敌人的魔掌。

敌军士兵把刘伯坚五花大绑，推搡着往前挪动。这时，敌军的团长喊了一声：“慢！”他一脸奸笑，走过来对刘伯坚说：“刘伯坚，以你这样的才华，只要脱离共产党，到我们这儿来做个一官半职，荣华富贵有的是。”刘伯坚大声说：“我干革命就是顺应历史潮流，要干革命就得冒危险。没有危险就没有革命，没有牺牲就没有工农大众的解放！”敌军团长一看劝说无用，就将刘伯坚囚禁在大庾监狱。

3月11日，敌人将刘伯坚从大庾监狱转移到绥靖公署候审室，他们故意让囚车从繁华的大街走过，想借此威吓群众。但是敌人打错了算盘，只见刘伯坚镇静自若，气宇轩昂，目光如炬。虽然拖着沉重的镣铐，他却忍着浑身的剧痛，始终昂起不屈的头颅。回到狱中，刘伯坚作诗《带镣行》，表现了他坚定的革命意志。

到了法庭上，敌人妄图就革命军队此次突围中伤亡惨重一事，攻击我党，动摇民心。刘伯坚沉着冷静，说道：“胜败乃兵家常事，只要革命火种不熄，必将形成燎原之势。国民党毫无治国救民的办法，只有我们共产党的土地革命才能让老百姓过上好日子。”刘伯坚扭过脸来，对着前来的群众大声说：“老乡们，这些国民党反动派只会欺压百姓。只有我们共产党才会把土地分给大家，让大家过上好日子。

**阅读拓展**

**★“围剿”**

蒋介石为了包围并消灭红军，从1930年到1935年总共发动了五次军事“围剿”。前四次“围剿”均失败。但第五次“围剿”时因王明的“左”倾冒险主义的领导和极端错误的战略，致使红军反“围剿”失败。红军被迫长征，进行战略大转移。

革命哪有不死人的？我死了不要紧，还有千千万万个革命者来继承我们的事业。老乡们，胜利终究是属于我们的！”群众非常激动，好多人都低声地说：“好人哪！他才是好人哪！”敌人眼看偷鸡不成反蚀把米，审讯还未结束就草草收场。

就这样，十几天过去了，无论是用金钱和官位诱惑，还是严刑拷打，都没能使刘伯坚的革命意志有一丝一毫的动摇。敌人实在没有办法，只能决定下毒手杀害刘伯坚。敌人问刘伯坚还有什么后事要办，刘伯坚说："有！第一，我要写封家信，交代我的子孙后代要将革命进行到底！第二，我死之后要把我葬在梅关。"敌人没明白他是什么意思，问道："为什么要葬在梅关？"刘伯坚坚定地说："在梅关站得高、望得远，我死后也能看到革命的烈火到处燃烧！"敌人摇头叹气道："刘伯坚这个人，死到临头还这么硬。"他们只好拿来纸和笔，只见刘伯坚镇定自若，挥挥洒洒写成两封家信。现在这两封家信保存在中国国家博物馆中，通过潇洒的字迹，仍能看出刘伯坚同志视死如归的革命情怀。

信写完了，刘伯坚将笔一扔，昂首走上刑车，向群

众高呼口号："中国共产党万岁！""打倒国民党反动派！"敌人赶快把他拉到刑场，刘伯坚就这样为革命献出了自己的生命。

**名人名言**

带镣长街行，蹒跚复蹒跚；市人争瞩目，我心无愧怍。带镣长街行，镣声何铿锵；市人皆惊讶，我心自安详。带镣长街行，志气愈轩昂；拼作阶下囚，工农齐解放。

——刘伯坚《带镣行》

# 碧血染将天地红
# ——赵一曼

**杰出人生**

赵一曼，四川宜宾人。1926年加入中国共产党。1927年入武汉中央军事政治学校学习，同年去莫斯科中山大学学习。1928年回国。“九一八事变”后到东北，任满洲省总工会组织部部长、哈尔滨总工会代理书记、中共珠河中心县委委员兼铁北区委书记等职。1935年11月与日伪军作战时受伤被俘，1936年8月2日英勇就义。

赵一曼的大姐夫郑佑之是个革命者，受他的影响，赵一曼开始阅读进步书刊，渴望冲破剥削阶级思想的羁绊和封建家庭的束缚。她的哥嫂烧掉进步书刊，不让她进城读书。苦闷的赵一曼将自己的苦痛写成文章，发表

在向警予主编的《妇女周刊》上。1926年2月，她终于冲破封建家庭的牢笼，来到宜宾女子中学读书。在这里，她光荣地加入了中国共产党。

1927年1月，她受党委派，考入中央军事政治学校武汉分校女生大队。蒋介石、汪精卫先后发动反革命政变，赵一曼经上海到莫斯科中山大学继续学习。

1932年，赵一曼来到东北，开始真正地投入革命工作。有一回，一场激烈的战斗刚刚结束，小通讯员给赵一曼送来一个粗瓷大碗。原来赵一曼吃饭用的碗被她送给一名新战士了，通讯员一直想给她再找一个碗，好容易在这次战斗中找到了，就连忙给她送来。

赵一曼看着这个碗，对通讯员说："从哪里拿来的，请你还到哪里去！"通讯员为难地说："这……这……敌人都消灭了，往哪儿还呀！"

开饭了，通讯员用这个大碗，给赵一曼盛了满满一碗高粱米饭。他想："这回我们政委该吃顿饱饭了。"赵一曼一看，就知道是从病号灶盛来的。那些日子非常艰苦，抗联部队几个月来都是靠野菜、草根、橡子面充饥，部队虽然还有一点点粮食，但得留给伤病员吃。团长、政委和战士一样，有几个月没吃过米饭了。赵一曼端着这碗高粱米饭，望着面前的小通讯员，怎么忍心责备他呢？她趁人不防的时

**★莫斯科中山大学**

1925年10月在莫斯科成立，1930年关闭。该校俄文全称为"中国劳动者孙逸仙大学"，这所以孙中山之名命名的异国学校在20世纪20年代后期聚集了一大批中国青年之精英。

候，快步走进炊事棚，把饭倒在锅里，又从另一口锅里盛了半碗野菜粥。这些，炊事员老李在旁边看到了，他没有吭声，眼睛里却含着泪花。

1935年11月15日，赵一曼带领五十多名战士遇到大股日军包围，我军击毙日伪军三十多名，但也受到很大损失。赵一曼左手被打伤，队伍被打散了。赵一曼和其他四名伤员潜入小西北沟一间空房子里养伤。22日，驻地被敌军包围，赵一曼左大腿骨被打断，昏倒被俘。

敌军知道赵一曼的重要性，把她转移到哈尔滨看管。赵一曼在监狱中做通看守警察董宪勋和护士韩勇义的工作。1936年6月，在他们的协助下，赵一曼越狱成功，但不久再次被敌军抓获。

第二次被捕后，赵一曼被关押在警察厅刑事科的拘留所里。为了防止她再次越狱，敌人给她戴上手铐、脚镣，还关进一个不见天日的小黑屋里，连水都不给喝。

不知道过了多久，赵一曼被带到审讯室。只见一个脑袋很大、面目狰狞的特务坐在桌子后面。这个特务龇着牙，狞笑着问：“赵一曼，你知道我是谁吗？我是特高股长林宽重。你可听说过我的厉害？”赵一曼轻蔑地一笑：“知道，你的外号叫林大头。对我们革命战士，对我们无辜群众，你是万分凶残。你的手段，我都听说过。不过，你卖国求荣，终究是日本鬼子的一条走狗！”林宽重咬着牙，凶狠地说：“听说过就好，快把你们的情报统统说出来。”赵一曼哼了一声：“你们就死了这条心吧，我不知道。”林宽重似乎早有准备，他缓缓地站起身来，拿起一根铁条，走到赵一曼的身边。突然，他用铁条戳向赵一曼的左手。铁条一下子就把赵一曼的左手扎得鲜血直流，左手的手骨肯定折断了，那一股钻心的疼呀，疼得赵一曼满头是汗。这林大头把铁条扔给他的手下，狠狠地说：

阅读拓展

**★日伪军**

包括日军和伪军。日军就是由日本人组成的侵略军，伪军是汉奸组织的军队，他们替日本人卖命、欺压中国人。

“打！给我重重地打！”敌人照着赵一曼的右腿又是一下狠戳，这一下赵一曼差点疼昏过去。林大头咆哮道：“说！快说！”赵一曼用微弱的力气摇摇头。

林大头气急败坏，大叫：“给她灌汽油！灌辣椒水！”赵一曼被呛得几乎昏厥，但还是一个字都不说。林大头亲自手持皮鞭，反复抽打赵一曼的伤口，赵一曼几次疼昏过去，几次被冷水激醒，但是林大头连一个字都听不到。

一个多月过去了，赵一曼每天都经受着酷刑的折磨，但敌人什么情报也没得到。这一天，林大头换了一副嘴脸，龇着满口黄牙，奸笑着说：“赵一曼，你可是做母亲的人。你不想你的儿子吗？”赵一曼坚定地说：

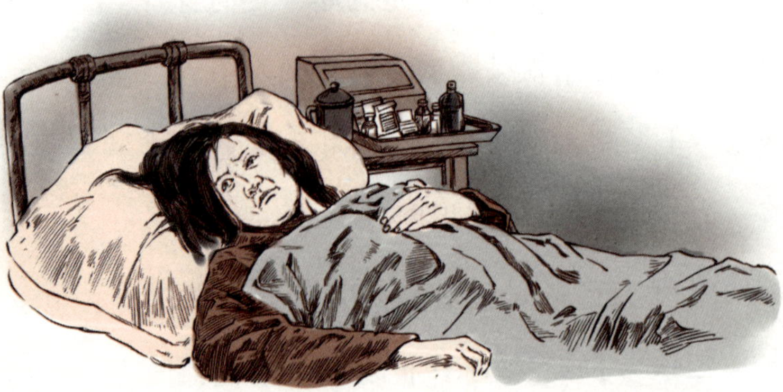

“我坚决抗日，就是为了千千万万位母亲、千千万万个儿子。”林大头知道，这个血肉之躯的女共产党员拥有钢铁一般的意志。他挥挥手，赵一曼被押上了去珠河的火车。赵一曼知道，最后的时刻到来了。

在押送途中，赵一曼没有露出一点惊慌。她从押送的职员手里拿来纸和笔，写下了给儿子的遗言。

宁儿，母亲对于你没有能尽到教育的责任，实在是遗憾的事情。母亲因为坚决地做了反满抗日的斗争，今天已经到了牺牲的前夕了。母亲和你在生前是永久没有再见面的机会了。希望你，宁儿啊，赶快成人，安慰你地下的母亲，我最亲爱的孩子。母亲不用千言万语来教育你，就用实行来教育你。在你长大成人之后，希望不要忘记你的母亲是为国而牺牲的！

你的母亲赵一曼于车中

1936年8月2日

作为一名战士，赵一曼是坚强的；作为一位母亲，她又是满怀柔情的。在那个民族存亡的危难时候，赵一曼忍痛舍下母子深情，为抗战献出了自己的生命。

**名人名言**

我的目的，我的主义，我的信念，就是反伪满抗日。

——赵一曼

# 战斗到最后一刻的将军
# ——杨靖宇

杰出人生

杨靖宇，河南确山人，回族。1927年加入中国共产党，同年领导确山起义。1929年春去东北，任抚顺特别支部书记。“九一八事变”后，历任东北反日救国会总会长、中共哈尔滨市委书记兼代满洲省委军委书记、东北抗日联军第一军军长兼政委等职。1940年2月，在战斗中被日军包围，只身与敌人周旋五昼夜，壮烈殉国。

杨靖宇原名马尚德，又名马顺清。杨靖宇，是他于1932年被派到盘石游击队任政委时改的名。他五岁那年父亲死了，母亲带着他和一个小妹妹依靠孩子的叔叔生活。

杨靖宇自幼正直倔强，敢于抗争。他们村有个姓王的

地主老财，变着法剥削农民和佃户，不知从什么时候起定下一条规矩，每当逢年过节，穷苦的农民和佃户都要向王家送礼。有一年中秋节，叔叔病在床上，打发人赶集买了四盒月饼，叫杨靖宇给姓王的老寨主送去，并嘱咐他说："到了王家，要规规矩矩，叫老寨主王老爷。"

"我不去！"杨靖宇扭着脸说，"咱们不吃他的，不穿他的，为什么要给他送礼？他姓王，又不是族门，为什么叫他老爷？"叔叔说："你小孩子家不懂事。他是寨主，我们出门要走他的路，上山要砍他的柴，不知哪天还要求他！”“求他做什么？我不去！”叔叔一听着急了，指着他说道：“你这不识时务的孩子，再不去，我抽你的筋！”晚上，母亲把杨靖宇拉进房里，流着泪说：“我的傻孩子，既在人檐下，怎能不低头？！往后可不能说那种话了，要是叫老寨主知道了，咱们就别想在这里住了。”“娘，你别怕。”杨靖宇挥着小拳头说，“地主要是敢跟咱过不去，我就放火烧他的屋！”就是带着对剥削阶级的仇恨，杨靖宇加入了革命的队伍当中。

1929年春，杨靖宇调赴东北，深入抚顺煤矿，密切联系工人群众，恢复重建被破坏的党组织，领导工人同侵占中国煤矿的日本矿主进行斗争。在之后四年的白区秘密工作中，他五次被捕，受尽敌人折磨，身体极其虚弱。但出狱后，他仍然担负起东北反日总会的领导工作。1932年11月，杨靖宇被派往南满，整顿各县党组织、抗日游击队和义勇队，组建中国工农红军第三十二军南满游击队，创建了以磐石红石砬子为中心的游击根据地。1933年初，杨靖宇积极贯彻落实党中央的指示，领导成立了东北抗日武装，长期担任领导职务。他率部打击日伪军，威震东北，有力地配合了全国的抗日战争，被称为“冰天雪地里与敌周旋七年多的不怕困苦艰难奋斗之模范”。

杨靖宇将军在日伪军眼里无疑是眼中钉、肉中刺，敌军花费了很大力气对我军进行多次“围剿”。从1939年秋天开始，杨靖宇指挥部队化整为零，分击敌人。到了年底，他身边还有四五百人。考虑到长期战争的需要，1940年1月，杨靖宇果断决定让主力北上，自己只带五六十人东进。

由于叛徒告密，杨靖宇将军的行踪被敌人掌握。杨靖宇再次决定兵分两路，自己只带十四五名战士于2月进入一个山沟里。东北的2月还是天寒地冻。杨靖宇的重

**阅读拓展**

**★“九一八事变”**

1931年9月18日夜，日本关东军以中国军队炸毁日本修筑的南满铁路为借口先占领沈阳，随后侵略东北三省，并实行了长达十四年的殖民统治，使东北同胞饱受亡国奴的痛苦，因此被中国民众视为国耻。

感冒一直没好，感觉头重脚轻，浑身无力。正在这时，警卫员黄生发拿过来一点苞米面干粮，说："司令，你好几天都没吃东西了。这儿有一点干粮，你把它吃了吧。"杨靖宇将军平日一向乐观开朗，对这个警卫员从来都是一脸笑容。但这个时候，他板起脸来，训斥起来："就这一点干粮，为什么给我吃呢？你把它搞碎，熬成粥，给大家分着吃。"粥煮好了，警卫员端了一大碗给杨靖宇将军。哪知杨靖宇端着粥，径直走向那些有伤的战士，对他们说："你们是伤员，喝点粥吧。我不

饿，你们喝完了，我再喝。”伤员们本想推辞，但看到杨靖宇将军恳切的目光，只好眼含热泪把粥喝完。杨靖宇又亲自盛粥，端给其他战士，说：“我年纪大了，饭量小，也喝不了热汤，你们年轻人先喝。”等到其他战士把粥都喝光了，杨靖宇最后只是用一点雪水擦擦碗底润了润唇。

正在这时，枪声又响了，敌人已经追过来了。杨靖宇将军带领大家再次与敌军大部队交战，又有几名战士负伤了。趁着撤离时将敌军甩开了一小段，杨靖宇告诉警卫员：“你带这三名伤员先走。敌人是冲着我来的，你这时往回走是比较安全的。”警卫员两眼流出了眼泪，说：“司令，我死也要和你死在一起。”杨靖宇将军亲切而严肃地说：“多活一个人就是一分力量。为了革命，我们要坚持要底。就是死，也不能泄露党的秘密，不能向敌人屈服。革命总是会胜利的。”黄生发等四名战士在森林里爬了两昼夜，终于突围出来了。

到了2月18日，杨靖宇将军身边仅有的两名战士也牺牲了。敌人搜查战士的遗体，找到了一枚刻有杨靖宇名字的印章。凶狠的敌人看到印章眼睛都直了，咬着牙说：“这个杨靖宇，太让我们头疼了。他就在这片山林里，我们不惜一切代价，一定要找到他。活要见人，死要见尸！”就这样，日军派出更多的部队，把山林重重包围。杨靖宇将军孤身一人来到濛江县保安村三道崴子。山林里连一粒米都找不到，杨将军只能抓点雪填进嘴里。即使如此，他仍然与敌周旋了五个昼夜，以无比

坚强的毅力，英勇顽强地战斗着。

2月23日，日军发现了杨靖宇将军的行踪，将包围圈越缩越小。杨靖宇抬眼看去，在离他五十米左右的四周，全部都是黑压压的敌人和冷冰冰的枪口。日军高喊："杨靖宇，你已经跑不掉了，投降吧，我们给你一条生路！"杨靖宇将军仰天大笑："做梦！我绝不投降。"说完就向日军开枪。日军看到生擒没有可能了，就一起开火。杨靖宇将军左手的枪被打掉了，他单手持枪继续应战，最终寡不敌众，壮烈牺牲，时年三十五岁。

杨靖宇牺牲后，日本侵略者无法理解我们的英雄何以能在长期被困、弹尽粮绝的情况下顽强战斗。日军将他的尸体解剖，发现他的胃里净是枯草、树皮和棉絮，竟无一粒粮食。侵略者无不为之震惊！

**名人名言**

为了革命，我们要坚持到底。

——杨靖宇

# 革命道理说服教诲师——赵尚志

## 杰出人生

赵尚志，热河朝阳（今属辽宁）人。1925年加入中国共产党。曾在黄埔军校第五期学习。“九一八事变”后，任中共满洲省委军委书记，东北抗日义勇军孙朝阳部参谋长。1933年创建珠河反日游击队，任队长。1934年起，历任东北反日游击队哈东支队司令、东北人民革命军第三军军长等职。后在战斗中受伤被俘，壮烈殉国。

1925年五卅惨案发生后，哈尔滨掀起反帝爱国斗争的阵阵高潮。赵尚志积极参加斗争，并光荣地加入中国共产党。当年11月，他被特招入黄埔军校第五期。1926年，蒋介石策动反共，赵尚志坚持共产党党籍，毅然退

出黄埔军校，返回哈尔滨领导学生运动。

赵尚志一直在非常艰苦的条件下坚持斗争。他一生三次被捕，但即使在狱中，他也仍然坚持斗争。在第一次被捕之后，他就曾反客为主，把前来说服他的教诲师给说服了。

1926年底，赵尚志在长春从事地下活动时被日本特务机关发现，年仅十八岁的他被捕入狱。敌人对他严刑拷打，他坚贞不屈；敌人诱惑哄骗，他嗤之以鼻；监狱长克扣犯人伙食，赵尚志带领狱友绝食抗议，终于迫使监狱长被调换。在狱友中，赵尚志享有极高声誉。

有一天一大早，狱警就过来叫门：“赵尚志，来上教诲课了。”赵尚志心中感到非常疑惑，他问旁边的狱友：“这帮家伙葫芦里卖的什么药？监狱里还上课？”狱友们也都摇摇头。在狱警的带领下，他和狱友们来到了一个很大的房间。只见房间里窗明几净，前面还有一块黑板。他和狱友们互相看看，不禁笑了，难道还要上课？这时，进来一位戴着眼镜、文质彬彬的中年人，也的确像是一位老师。这位老师模样的人进来之后，很客气地对大家说：“大家好，我是你们的教诲师。你们诸位都是政治犯，只要你们改邪归正，听我们政府的话，我相信，你们一定都会出狱的。”赵尚志心里明白了，敌人这是看到来硬的不行，准备来软的了。他环顾了一下，发现屋子里除了狱友就是

**阅读拓展**

**★黄埔军校**

全称为中华民国陆军军官学校，1924年成立于广州市黄埔区，是近代中国一所著名的军事学校，培养了许多优秀的指挥官。

这个教诲师，其他狱警都不在场。他心中暗想："你有你的歪理，我有我的革命道理。看是你的歪理说得通，还是我的革命道理说得通。"

这时，教诲师笑眯眯地说："大家本来都是良民，为什么要反对政府呢？"赵尚志举手示意，教诲师马上说："这位兄弟，你请说。"赵尚志道："请问，作为一个中国人，看到日本人在我们的土地上，欺压我们国人，难道不应该反抗吗？"教诲师支支吾吾地说："这个，这个……"赵尚志接着问："作为一个中国人，应不应该把日本侵略者赶走，让我们的父老乡亲回到我们自己的土地上，过上安生日子？”教诲师这一下更加说不出话了，只能支吾着点头称是。赵尚志转过头来，面向自己的狱友，大声说：“反对日本帝国主义，犯的是什么罪？”狱友们交头接耳地说：“对呀，我们无罪呀。”赵尚志再问教诲师：“请问作为一个中国人，爱自己的祖国有罪吗？”教诲师有点紧张了，他结结巴巴地说：“没有，没有。”赵尚志马上提出下一个问题：“军阀无故抓人投狱，他们犯不犯罪？”这下教诲师回

答不出来了。赵尚志站了起来，对狱友们说：“同胞们，看看我们的东北，到处都有日本人的特务。日本人侵我中华之心不死，早晚有一天，他们会和我们开战。这些军阀只顾自己，不顾人民死活。不打倒这些军阀，不赶跑侵略者，我们中国人没有好日子过。”狱友们纷纷说：“对呀，先生请讲下去。”赵尚志不慌不忙，把他知道的革命道理用通俗的语言讲给大家听。一个多小时的时间过去了，不仅是赵尚志的狱友，就连教诲师都听得入了迷。就这样，赵尚志成了老师，教诲师反倒成了认真听讲的学生。反革命的歪理说得再好听，最终也会被革命的真理戳穿。国民党政府想用歪理骗人，却成为我们宣讲革命真理的讲台。

这次课结束之后，狱警们并不知道

**★东北抗日联军**

“九一八事变”后，经过几年的抗日，后由部分原东北抗日义勇军、东北反日游击队和东北人民革命军等组成东北抗日联军。它在中国共产党的领导下，同日本侵略者进行了长达十四年的艰苦斗争，是一支英雄部队。

内情，看着教诲师和狱友们都很高兴的样子，还以为是教诲有效果了呢。后来，在长期的接触中，这位教诲师被赵尚志忧国忧民的精神所感动，也被革命真理所折服，开始信仰共产主义。从那以后，他多次利用自己的合法身份掩护监狱中共产党员的活动。赵尚志出狱后，引导这位教诲师参加革命活动，还介绍他加入了中国共产党。

1942年，赵尚志在率领部下偷袭一个日伪警署时中了埋伏，不幸被捕。敌人对赵尚志进行了严刑逼供，但自始至终没能从这位坚贞的共产党员嘴里得到任何口供。这位东北抗联的英雄，中国人民伟大的儿子，最终献出了他宝贵的生命，时年三十四岁。

**名人名言**

我生是共产党的人，做党的工作是我一生的任务，我一天也不能离开党，死也要死在东北抗日战场上。

——赵尚志

# “生的伟大，死的光荣”——刘胡兰

**杰出人生**

刘胡兰，山西文水人。1946年加入中国共产党。曾任文水县第五区“抗联”妇女干事。1947年1月12日在云周西村参加土改时，被阎锡山军队逮捕。面对敌人威胁，她毫无惧色，从容地躺在铡刀下，壮烈牺牲。毛泽东为她题词：“生的伟大，死的光荣”。

刘胡兰，本名刘富兰，生于山西文水县云周西村一个贫苦农民家庭。从她的名字中我们便可以看出，在那个风雨飘摇的年代，一个挣扎在苦难与贫困线上的家庭对富裕生活的企盼与追求。然而，数不清的苛捐杂税与劳役压得这种本本分分地靠种田谋生的家庭连气都喘

不过来。父亲刘景谦虽是种田的一把好手，但使出了全身的力气也难以支撑这日渐贫困的家。由于长期受到清贫与劳累的折磨，刘胡兰的母亲身体虚弱多病，特别是生下其妹爱兰之后更是一病不起。刘胡兰四五岁时，母亲去世。刘胡兰过早地失去了母爱，加倍体会到了人生的不幸与苦难。在她六岁的时候，父亲刘景谦续娶了一个名为胡文秀的妻子。胡文秀为了拉近自己和继女之间的关系，便将刘富兰名中的“富”字改为自己的姓氏

“胡”字。

1939年秋天，刘胡兰所在的村子成立了共产党地下组织。这个组织非常重视对青少年的培养和教育，常常组织人员给刘胡兰他们讲一些革命道理。也就在这一年，云周西村还办起了抗日小学，还未入学的刘胡兰就经常和小伙伴们到学校听唱歌、做游戏。

后来有八路军在云周西村驻扎，他们出操、训练、学习、做群众工作，所有活动都被刘胡兰看在眼里，她和小伙伴们玩游戏的时候常常模仿八路军。刘胡兰特别喜欢听八路军讲故事，一听有人讲革命的故事，她便凑上前去，迟迟不愿离开，十岁那年加入了共产主义儿童团。

1946年9月，国民党阎锡山部队进犯文水县城。为保存革命力量，县委决定组织

**阅读拓展**

**★共产主义儿童团**

是指新中国成立以前中国共产党在革命根据地建立的少年儿童组织，现演化成少先队。儿童团团长由儿童选举产生，团员担负站岗、放哨、送信等任务，为革命胜利贡献了自己的智慧与力量。

一些不宜再做隐蔽工作的同志转移上山，其中就包括刘胡兰。刘胡兰当然知道，上山会比较安全。但她主动找到上级，坚持要求留下来继续工作。“我要求上级把我留在平川坚持斗争，我在这里人熟地熟，能够坚持。”县委书记听说后很着急，他专门找到刘胡兰说：“胡兰，留下来坚持工作是有危险的，随时都会有危险。你才十五岁，还是上山去吧。”刘胡兰说：“不，干革命就不怕危险。这个地方我熟悉，我干更合适。”县委书记把话说了一箩筐，但刘胡兰就是坚持要留下。最后，县委书记只好拍拍刘胡兰的肩膀，亲切地说：“胡兰，你一定要注意安全，这艰巨的任务就

★阎锡山

字百川、伯川，号龙池，清末举人，北洋军阀晋系领袖，组织与领导了太原的辛亥起义，并从此开始统治山西长达三十八年之久。

交给你了。”刘胡兰坚定地说：“我一定听党的话，战胜一切困难，不怕流血牺牲，完成组织交给的任务。”

此后，她和其他留下来的干部一起昼伏夜行，风餐露宿。时值初冬，夜间野外很冷。但是，为了安全起见，她经常在墓穴里和衣而睡。

到了12月，敌人派出近万兵力“扫荡”文水县。云周西村的村长背叛了革命，向敌人告密。刘胡兰知道一旦秘密文件被敌人搜到，会对我们党的事业造成重大损失。她冒着危险重回云周西村，烧毁秘密文件，处决了叛徒村长。

1947年1月，敌军大部队将云周西村重重包围。刘胡兰知道撤离已经不可能了，到了她要为党、为人民、为共产主义事业献身的时候了。

敌军有个特派员张全宝，留了一脸大胡子。由于事先叛徒村长告密，张全宝知道刘胡兰就是共产党员，于是他命令荷枪实弹的敌兵抓住了刘胡兰。这些敌兵凶神恶煞一般，把刘胡兰五花大绑，押到了观音庙西厢房。

刘胡兰一进屋，就看到张全宝一脸奸笑，她毫不畏惧，把头发一甩，冷冷地面对张全宝。张全宝早就听说过刘胡兰年龄不大，但没想到是这么小的小姑娘。他心里想："不就是个小丫头嘛！我吓唬她几句，估计她就会招了吧。"于是他恶狠狠地问："你们村长是被谁杀的？"

刘胡兰连看都不看他一眼，斩钉截铁地回答："不

知道！”

“你给八路军做过些什么工作？”

“我什么都做过！”

张全宝吃了一惊，这可出乎他的意料。他心里想：“她难道不怕死吗？还是准备招了？”他皮笑肉不笑地继续问：“这阵子你和八路军是怎么通信的？”

刘胡兰回答得非常干脆：“没有通过信。”

“你最近和哪些共产党员见过面？”

“没有和谁见过面。”

张全宝把桌子一拍：“现在有人供出来了，说你是个共产党员。”

刘胡兰早就知道，叛徒村长和其他叛徒早就把她出卖了。她把生死置之度外，扭过头，怒目直视张全宝，大义凛然地说：“说我是共产党员，我就是共产党员，是共产党员又怎么样？”

张全宝马上问：“你们村还有谁是共产党员？”

“只有我一个共产党员！”

“刘胡兰，你才多大呀，何必把命搭进去呢？你只要把你知道的告诉我，你以后不愁吃不愁穿的。你自白吧，自白了，就给你一块土地。”

“你就是给我个金人，我也不自白！”

张全宝气得直敲桌子：“你小小的年纪好嘴硬呀！你不怕死？”

刘胡兰昂首挺胸，大声说：“怕死不当共产党员！”

这一句句斩钉截铁的回答，把张全宝顶得半天说不出话来。他万万没想到，刘胡兰软硬不吃，审了半天一点用都没有。他气急败坏，声嘶力竭地喊道：“给我绑下去铡了！”

在刑场上，敌人在周围架起了机枪，中间是两口闪着寒光的铡刀。张全宝心想：“刚才刘胡兰嘴硬，那是没见着血。哪个小姑娘见到死人不害怕？”他此时丧心病狂，把手一挥，敌人立即拉出六位革命群众，不由分说就把他们都铡了，鲜血染红了大地。周围的群众连忙把自己孩子的眼睛捂上，害怕把孩子吓到。

张全宝以为这样能把只有十五岁的刘胡兰吓倒，谁知道扭头一看，刘胡兰瞪红了双眼，那眼神里没有一丝恐惧，有的只是仇恨。张全宝狞笑着问刘胡兰：“你怕不怕？自白不自白？”刘胡兰冷笑一声，大声说道：“我死也不屈服，决不投降！”然后，她从容地向铡刀走去……

1947年8月，中共中央晋绥分局追认刘胡兰为中国共产党正式党员。毛泽东同志还为刘胡兰烈士题词："生的伟大，死的光荣。"

**名人名言**

我入党后，不怕流血，不怕牺牲，坚决革命到底！在困难面前不低头，在敌人面前不屈服。

——刘胡兰

# 为了新中国，前进
# ——董存瑞

**杰出人生**

董存瑞，河北怀来人。1945年参加八路军，作战英勇机智，多次立功获奖。1947年加入中国共产党。1948年5月，在解放隆化的战斗中，他手托炸药包炸毁敌军桥头堡，用生命为部队开辟了前进的道路，当时未满十九岁。被授予“战斗英雄”“模范共产党员”称号。

董存瑞于1929年出生在河北省怀来县南山堡村。十三岁时，他就机智地掩护中共地下党员躲避日军的追捕，被誉为“抗日小英雄”。1945年7月，他成为一名八路军战士，后来又光荣地加入了中国共产党。董存瑞从小就是十里八乡出了名的“冒险王”。赶着毛

驴车，他敢站在驴背上。有一次，他没拽紧缰绳，从驴身上掉下来，浑身是伤，可他爬起来，又站在了驴身上。南山堡村头有个水坑，坑边上有棵大柳树，村里的孩子谁也不敢上这棵树。有个小伙伴调皮地问董存瑞：“你敢爬上去再跳下来吗?”董存瑞抬头看了看那棵高高的大柳树，再看看向他挑战的那个小伙伴，往手里啐了两口唾沫，蹭、蹭、蹭地就爬上了那棵大柳树。小伙伴们看着树上的董存瑞使劲喊：“别跳!别跳!算你赢了不行吗?”董存瑞说：“那哪行啊!不能来假的!”说着，就从几丈高的树上跳进了水坑里。小伙伴们没有一个不佩服董存瑞的。而正是这与生俱来的勇敢的品格，使他在关键时刻能够挺身而出。

1948年5月25日，隆化战斗打响了。在全连战斗动员会上，连长大声宣布：“现在，我宣布，爆破组组长是——”偌大一个会场，马上一片寂静。连长清了清嗓子，大声说：“董存瑞！”全场响起了雷鸣般的掌声。董存瑞激动地站起来，代表全体爆破组战友，举起右手大声宣布：“我们爆破组就是死后化成泥土，也要填到外壕里去，让大家踩着我们把隆化拿下来。”

战斗开始时，我军前进的步伐非常顺利。董存瑞带领战友们接连炸毁四座炮楼、五座碉堡，胜利完成了规定的任务。

**阅读拓展**

**★八路军**

全称国民革命军第八路军。1937年8月，红军第一、二、四方面军改编成八路军，由朱德、彭德怀分别担任正、副总指挥。1946年国共和谈破裂，内战爆发，八路军改称中国人民解放军。

就在部队势如破竹前进的时候，突然，一阵猛烈的枪声响起，许多正在冲锋的战士倒在血泊之中。董存瑞迅速卧倒，抬头一看，只见前面不远处的旱河上有座桥，桥身上喷出六条火舌。原来，这是一个隐蔽的桥型暗堡，伪装得十分巧妙。董存瑞气得用手捶打地面，敌人实在太狡猾了！白副连长把手一挥，说："李振德，上！"李振德等三名爆破手，采用迂回前进的方式向前冲。但是，这个暗堡前面是一片开阔地，没有任何地方可以当作掩体。还没有冲到暗堡前，李振德就中弹牺牲了，另外两位战士也负了重伤，倒地不起。

看到战友倒在血泊之中，董存瑞的眼睛都瞪红了。他坚定地对白副连长和指导员说："让我去吧！我不完成任务，就不回来了！"然后，他拿出一个小包，递给指导员说："如果我牺牲了，这就是我最后一次交党费。"指导员的眼眶湿润了，他握住董存瑞的手说："你一定要回来，我们等着你胜利的消息。"

董存瑞看了看敌人的暗堡，挟起了一个大个的炸药包，心里想：“这么大个的炸药包，一定会把敌人炸上天！”他环顾了一下战友，叫上身体灵活、头脑机灵的战士郅顺义。两个人迂回地向暗堡移动。马上就要进入开阔地了，董存瑞告诉郅顺义：“你在这儿掩护。记住，敌人一打你暂停，敌人一停你全力给我打！”郅顺义点点头。两个人每人都拿出几个手榴弹，依次扔了出去。此时，暗堡前面尘土飞扬。趁着敌人视线受阻，董存瑞抱起炸药包就往前冲。烟雾稍微一散，狡猾的敌人并没有看清我军的情况，就又开始扫射，董存瑞冷静地卧倒。敌人的射击稍一停顿，郅顺义就拿起枪向暗堡扫

射，暂时压住了敌人的射击。就趁着这个空当，董存瑞忽左忽右地往前冲。战友掩护的射击一停，董存瑞就再次卧倒。就这样，经过几次反复，董存瑞终于冲到了桥下。这时，他才感到腿上阵阵疼痛。低头一看，自己的腿早已经受了伤，鲜血直流。但这时他早已顾不上伤痛，心里想的是马上放置炸药包。他左右仔细看了看，桥离地面有一人多高，两边砌的是整齐的砖石，既没沟也没棱，炸药没有地方放。如果把炸药放到桥下河床上，力量又太小，不足以炸倒暗堡。

★郅顺义

1947年参加中国人民解放军，次年加入中国共产党。1948年5月25日，在河北隆化的战斗中掩护董存瑞完成爆破任务。曾先后荣获“毛泽东奖章”“勇敢奖章”等。

正在此时，总攻的号角吹响了。董存瑞扭头看去，

只见后面的战士们如潮水般向这边冲来。可是，就在自己的头顶，困兽犹斗的敌人还在垂死挣扎。只见暗堡上的砖头一个个被捅开了，十几个暗枪眼一起开火。董存瑞心想：“如果队伍冲到敌人射程之内，一定会有更多的战士牺牲。”董存瑞看了看桥顶，又看了看马上就要冲到眼前的战士，显得非常冷静。他心里想：“我早就想好了要为新中国奉献自己的一切。现在，就是我为新中国奉献的时候了。”他左手托起炸药包，紧紧地贴住桥底，然后从容镇定地用右手拉燃导火索。只见导火索嗞嗞地冒着白烟，迅速地烧向炸药包。董存瑞泰然自若地立于桥下，站在那里纹丝不动，好像一座雕像。

离董存瑞最近的郅顺义看到了这一切，他着急地大喊：“班长！不要！”然后不顾一切地跳出屏障，向董存瑞冲去。董存瑞对着郅顺义大喊：“卧倒！卧倒！快趴下！”然后，董存瑞面向自己的战友们，大声地喊出生命中最后一句话：“为了新中国，前进！”

随着天崩地裂般的一声巨响，暗堡被炸得粉碎。我们的战士们冲了上来，冲了过去！敌军望风而逃。隆化战斗胜利了。就这样，董存瑞为伟大的解放战争奉献了他十九岁的年轻生命。

**名人名言**

党把最光荣的任务交给我们了。没二话，天塌了也得完成！

——董存瑞

# 在烈火中永生
## ——江竹筠

**杰出人生**

江竹筠，四川富顺人，1939年加入中国共产党。曾参加中共重庆市委地下机关报《挺进报》的筹款和出版发行工作。1948年，彭咏梧同志牺牲，江竹筠接任丈夫的工作。同年因叛徒出卖被捕，在重庆“中美技术合作所”渣滓洞监狱受尽酷刑，坚贞不屈。1949年11月，重庆解放前夕被杀害。

提起江姐，除了她英勇就义的英雄事迹让我们震撼之外，她与彭咏梧之间坚贞的爱情故事也令人感动。那是1943年，供职于重庆市伪中信局的彭咏梧一直住在集体宿舍，这对开展党的工作极不方便。趁伪中信局刚修好职工宿舍的机会，组织上便决定派个女同志来与他

假扮夫妻，以协助他的工作。彭咏梧便以自己有了“家庭”为由分到了一套住房，这也方便了日后更好地为组织进行工作。就这样，彭咏梧有了位漂亮贤惠的“彭太太”，这“彭太太”不是别人，就是大家熟悉的江姐——江竹筠。

经过两年共同工作的考验，1945年夏，经组织批准，江竹筠与彭咏梧这两位同志正式结婚，成为了真正的夫妻。江竹筠也留在重庆负责处理党内事务和内外联络工作，同志们都亲切地称她江姐。

**阅读拓展**

**★渣滓洞监狱**

位于重庆市歌乐山。1939年，国民党军统特务逼死矿主，霸占煤窑，在此设立了监狱，专门用于囚禁共产党员和进步青年。该监狱三面临山，前面是深沟，最多时囚禁七百余人。共产党员罗世文、江竹筠、李青林等先后被囚禁于此。

1947年，江竹筠负责国统区的学生运动，还承担了中共重庆市委地下刊物《挺进报》的筹款和出版发行工作。1948年春节前夕，彭咏梧在组织武装暴动时不幸牺牲，头颅被敌人割下挂在城门上示众。江姐忍痛接替丈夫的工作。1948年6月14日，由于叛徒出卖，江姐不幸被捕，被关押在重庆渣滓洞监狱。

在狱中，国民党特务用尽各种酷刑，但始终不能从江姐口中得到我们地下党的组织情况。1949年11月14日，江姐被国民党特务杀害于渣滓洞监狱，牺牲时年仅二十九岁。新中国成立后，江姐的事迹被写进了长篇小说，改编成电影、电视剧。她的事迹家喻户晓，广为传颂，教育、影响和激励了几代人。

江姐的一生实践了自己的信仰，特别

是在被捕之后，她面对敌人的酷刑，展现了一个共产党员的铮铮铁骨。江姐被押到重庆后，突然有一天，几个特务恶狠狠地把门踹开，叫道："江竹筠，过堂。"江姐心里非常清楚，这帮禽兽，什么坏事都干得出来。她既然选择了革命的道路，就早已经做好了为革命牺牲的思想准备。她从容地把头发梳好，跟随这几个特务来到审讯室。她环顾一周，发现房间里摆满了刑具：老虎凳、吊索、电刑机器、带刺的钢鞭、水葫芦、撬杆等十几种。特务们以为，作为一个女人，恐怕见到这些刑具都会害

怕，谁知江姐只是轻蔑地扫了一眼。

这时，从椅子上站起一个人来，此人正是特务头子徐远举，他想对江姐来一个下马威。只见他一拍桌子：“江竹筠，你到川东干什么来了？你丈夫是谁？你属于哪个组织？你领导哪些人？有多少武器弹药？快从实招来！”

江姐早就看出这些人外强中干的实质，她昂首挺胸，不慌不忙地说：“我是小职员，单身生活。你说的什么组织，什么领导，我不知道！”

徐远举龇着牙，一脸

狞笑："你可知道这是什么地方？到这儿不交代是不行的。涂孝文是谁你知道吗？彭咏梧是你什么人？"

对于敌人的这种态度，江姐早有准备。她轻轻地说了三个字："不知道。"

徐远举气得直拍桌子："不知道，你会不知道？快说，快把你们的秘密都说出来！"但是，无论徐远举问什么，江姐的回答只有三个字："不知道。"

徐远举一看什么也问不出来，气得咬牙切齿。他指着刑具大叫："你看看这是些什么东西？今天一定要让你交代！"江姐把头发一甩，从容地回答："没什么好交代的，我什么都不知道。"

徐远举把手一挥，冲上来几个身材魁梧的特务。他们把几根特制的竹筷夹住江姐的双手，几个人用力猛夹。人的手指在残酷的刑具前是非常脆弱的，哪里经得起这么残忍的折磨，不一会儿就听到骨头一根根折断的声音。但是敌人还不放手，几十分钟过去了，江姐疼得满头大汗。徐远举做了个暂停的手势，问江姐："交代不交代？”

江姐忍着剧痛，缓慢而又坚定地说：“你们可以弄断我的手，砍断我的头。要让我交代组织是不行的，永远不行。我没有组织。”

★彭咏梧

1938年加入中国共产党，1945年与江竹筠结为伴侣。为迎接全国解放，1947年10月，彭咏梧到下川东组织领导武装斗争，并担任游击纵队政委。1948年在一次突围中，为掩护同志壮烈捐躯。

徐远举气急败坏地大叫：“继续夹！”十几分钟过去了，江姐疼得昏了过去。特务们问徐远举：“还审吗？她已经昏死过去了。”徐远举气急败坏地说：“审！把她弄醒，继续审！”特务们用凉水把江姐喷醒。徐远举又问：“说不说？不说再夹！”江姐愤怒地说：“筷子不行，把刀子拿来。你们这是野兽行为。你以为刑具就是万能的？我看是无用的。”

从九点到十二点，三个小时过去了。徐远举几次让特务夹江姐的手指，江姐几次疼昏过去，几次被凉水激醒，但特务连一点有价值的情报都没能得到。

一个星期以后，特务头子陆坚如专程来到渣滓洞，他比徐远举更加残忍，对江姐使用了更加变态的酷刑。他让特务们用竹签扎江姐的手指尖，用辣椒水灌进她的嘴里，还用皮鞭抽她，用烙铁烫她。江姐一次次疼昏过去，又一次次被凉水激醒。每次醒来之后，江姐都用微弱的力气痛骂特务：“你们简直是一群野兽！就算杀了我，你们也不知道组织在哪儿！你们永远达不到你们的目的！”

在狱中，难友们只要是能来的都来看望江姐，无不以崇敬的目光凝望着她，向她致意。江姐告诉难友们：“毒刑拷打是太小的考验，竹签子是竹做的，共产党员的意志是钢铁做的！”等到伤势稍好一些，江姐凭记忆默写了《新民主主义论》和《论共产党员的修养》的主要内容，和同志们一起学习。

国民党特务看到实在无法从这名坚定的女共产党员身上获得任何情报，最后将其杀害。是什么力量使她拥有钢铁般的意志？是对党和人民的热爱，是对信念的忠贞，是对新中国热切的盼望。

名人名言

毒刑拷打是太小的考验，竹签子是竹做的，共产党员的意志是钢铁做的！

——江竹筠

# 烈火中永远的丰碑
## ——邱少云

**杰出人生**

邱少云，四川铜梁（今属重庆）人。1949年参加中国人民解放军。1951年参加抗美援朝。次年10月，在朝鲜391高地反击战前夜执行潜伏任务时，不幸被敌人的燃烧弹击中，全身被火焰燃烧仍纹丝不动，直至光荣牺牲。部队党委追认他为共产党员。中国人民志愿军总部为他追记特等功，授予“一级战斗英雄”称号。

在朝鲜金化西边，有一座高高耸立着的石壁，上面镌刻着一行鲜艳夺目的红漆大字：“为整体、为胜利而自我牺牲的伟大战士邱少云同志永垂不朽！”这里，就是中国人民志愿军一级英雄邱少云烈士牺牲的391高地。

1926年7月12日，邱少云出生在四川省铜梁县一个贫苦农民家庭。在他很小的时候，他父亲因反抗地主压迫而被害死。母亲连气带病，不久也离开人世。十三岁的邱少云带着两个弟弟四处流浪。1948年，他在一家面馆当学徒的时候，被国民党军队强行拉壮丁。1949年12月，他所在的部队起义，他成为一名中国人民解放军的战士。在部队里，他用高强度的训练锻炼自己的本领，脊背上结出一层层血痂。他自觉用铁的纪律严格要求自己，认真学习毛泽东著作，在训练之余写下了几万字的读书笔记，懂得了很多革命道理。1950年秋，他随连队参加四川内江地区剿匪。在高梁镇一役中，他带病参战，奋勇当先，深入匪巢，毙伤匪徒十余人，协同战友活捉匪首。1950年朝鲜战争爆发后，邱少云积极报名参加志愿军。他曾经冒着美军飞机的扫射轰炸，从燃烧的居民房屋里救出一名朝鲜儿童。

1952年10月，邱少云所在的部队担负攻打391高地的任务。正是在这场战役中，一枚燃烧弹使邱少云全身着火。为了不暴露我军潜伏目标，邱少云强忍剧痛，坚持了三十分钟纹丝不动，直至牺牲。

那是1952年10月11日，邱少云所在的负责潜伏的三营已经集结完毕。师长视察大家的装备，看到小伙子们个个精神抖

**阅读拓展**

**★志愿军**

全称为中国人民志愿军。1950年10月，中国政府应朝鲜政府的请求决定出兵朝鲜，抗美援朝，并将东北边防军改编成为中国人民志愿军，由彭德怀担任总司令兼政委。

擞，感到很满意。

突然，他发现邱少云的胸前鼓鼓囊囊的。

师长亲切地问："小伙子，你这里装的是什么东西？"

邱少云敬个礼，说："报告首长，为了防止咳嗽和打瞌睡，我带上了生姜和辣椒。"师长拍拍他的肩膀："好，想得周到。"

师长对大家说："同志们，我们安排的这次潜伏是一着险棋。五百七十多个人的部队，要在敌人眼皮下面潜伏二十多个小时。一旦被敌人发现，我军将处于敌人的三面包围之中，很有可能导致全军覆没。在这种艰苦条件下作战，要求大家要有高度的整体观念。如果有意外情况，宁可牺牲自己，也不能违反潜伏纪律。大家有信心吗？”战士们响亮地回答：“有！”

11日晚上，趁着夜色，我们的战士一个又一个悄悄地进入目标位置，全部潜伏成功。时间一分一秒地过去了，从黑夜熬到12日的清晨，所有潜伏的战士都一动不动。远远看去，只能看到密密麻麻的草丛。谁会想到，草丛下面是手握武器、众志成城的志愿军战士呢？

战争是非常残酷的，敌军并没有察觉到这片草地的任何异常，但是为了安全起见，开始盲目发射燃烧弹。只听得轰的一声，有一颗燃烧弹落在邱少云潜伏点的旁边，草丛立即燃烧了起来。燃烧弹里面都是汽油，汽油流到哪里，火势就烧到哪里。只是一眨眼的工夫，邱少云身上掩饰的草丛就燃烧了起来。

邱少云周围潜伏的战友们看到了，他们的心情非常紧张。怎么办？要想救出邱少云，其实非常简单，只要有人能够扑上去，就可以把火扑灭。但是这样一来，敌人就会知道这片草丛里面都是我们的战士，我们的计划就会落空，所有潜伏的战士也都会成了活靶子。怎么办？怎么办？眼看着邱少云被烈火吞噬而不能相救，战友们的心像在油锅里煎。

邱少云趴在那里，一动不动。他知道，他只要翻个身，火就能灭，他身后就是一条水沟。但是，只要自己稍一挪动，敌人就会发现潜伏的战士。那样，潜伏行动就会暴露，整个作战行动就会被打乱。

为防止携带的爆破筒和子弹遇热爆炸，他强忍着烈火烧身的剧痛，轻轻地将爆破筒推向一边，将子弹埋到土里。他能够感觉到，衣服烧着了，头发烧着了，浑身上下刺痛袭来。他知道，现在全身的皮肤正在燃烧。痛呀，真是

钻心的痛呀！但是为了不暴露目标，为了确保全体潜伏人员的安全和攻击任务的完成，邱少云咬紧牙关，两只手深深地插进泥土，任凭烈火烧焦头发和皮肉。他紧闭双眼，感觉到牙都快咬碎了，满嘴都是鲜血。不能动，坚决不能动，他在心里反复地告诉自己。就这样，他以超人的毅力，忍受着剧痛，如同钉子钉在土里，一动不动。五分钟过去了，十分钟过去了。火，在他身上整整燃烧了三十分钟，他终于失去了知觉，停止了呼吸。

下午五点半，一颗红色的信号弹冲天而起。这是进攻的信号！趴在草丛里的战士们同时跃起，他们瞪红了双眼，大喊："为邱少云同志报仇！"战士们如同猛虎下山一般冲向敌人阵地，怀揣着满腔的怒火，对着敌人一阵扫射。敌军哪里会想到，上午刚刚用燃烧弹燎原的草丛下，竟然会有我们的志愿军战士。这次反击打得干脆利落，仅用了二十分钟，我军全歼敌人，攻占了391高地，胜利完成任务。

战后，部队党委追认邱少云为共产党员，并追授

“模范青年团员”称号。1953年，四川省铜梁县建立邱少云烈士纪念馆，并在凤凰山顶竖立邱少云烈士纪念碑，朱德同志为他题词。

从此，邱少云的名字，就成为严守纪律、自我牺牲的代名词。

**名人名言**

为了战斗的胜利，我愿意献出自己的一切。

——邱少云

# 用生命换取战斗的胜利
# ——黄继光

**杰出人生**

黄继光，四川中江人。1951年参加中国人民志愿军。1952年10月，在夺取朝鲜江原道金化郡上甘岭某高地的战役中，用胸膛堵住敌人地堡里的机枪射孔，为保证部队攻克高地而壮烈牺牲。部队党委追认他为中国共产党党员。中国人民志愿军总部为他追记特等功，授予“特级战斗英雄”称号。

黄继光从小受尽了苦难，由于家境贫苦，他在六七岁时就和哥哥们一起不是下地干活，就是上山砍柴割草。没有粮食吃，他们经常靠吃野菜为生。黄继光十一岁时，他的父亲积劳成疾，离开人世，全家人只能在死亡线上挣扎。

1950年10月，侵朝美军把战火烧到了鸭绿江边，毛泽东同志庄严地向全国人民发出“抗美援朝，保家卫国”的号召，全国人民积极响应。黄继光第一个报名参加，被分配到中国人民志愿军某部二营六连当通讯员。在部队里，他努力学政治、学军事、学文化，进步很快。他忠于职守，多次出色地完成任务，受到部队领导的表扬，并荣立三等功一次。

1952年秋，美军对中国人民志愿军的军事要点上甘岭发动了持续四十三天的攻势。面对这个军事要地，美军这次可是下了血本。在很短的时间里，美军就出动飞机三千架次，投入炸弹和燃烧弹一万多枚，发射炮弹一百九十多万枚。整座山的山头都被削低了两米左右，山上的岩石几乎都被炸成黑色粉末。我军也非常清楚，上甘岭阵地的得失，关系到战局成败，所以志在必得。从10月9日开始，志愿军开始进行反击战，黄继光所在的六连任务就是夺取上甘岭西侧597.9号高地的四个阵地。

六连的战士作战十分英勇，只用了短短半个小时，就攻克了三个阵地，只要拿下位于半山腰的零号阵地，我军就将取得此次战役的胜利了。但是，这个零号阵地地势险要，居高临下，如果不能夺取这个阵地，前面所有的胜利成果便将丧失殆尽。

敌军也深知零号阵地的重要性。他们

**阅读拓展**

**★上甘岭战役**

抗美援朝战争中著名的坚守防御战。1952年10—11月，中国人民志愿军为了粉碎以美国为首的“联合国军”的攻势，在朝鲜金化东北上甘岭地区进行的战役，战争持续了四十三天，最终志愿军成功守住了上甘岭。

在这里埋伏了几十个暗堡群，里面有数不清的重机枪、无后坐力炮、火箭筒、火焰喷射器，不停地向外喷射着炮火。就这样，志愿军前进的道路受阻了。连长万福来知道，只有把这些暗堡炸掉，战士才能冲上去占领阵地。他大手一挥，坚定地说：“爆破组，上！”第一个爆破组冲了上去，但是，还没能冲到暗堡前，几名战士就被敌人的交叉火力击中了。面对死亡，爆破组的战士们毫不畏惧，第二组又冲了上去。虽然他们压低身形，采取迂回的方式前进，但是敌人的炮火实在太猛烈了，几名战士又倒在血泊之中。怎么办？此时离天亮只

**★万福来**

黄继光生前所在连队的连长，是黄继光壮烈牺牲现场的见证人和上甘岭战场上的功臣。半个多世纪以来，人们从万福来那里了解了很多黄继光鲜为人知的故事。

剩四十分钟了，如果在这四十分钟里面不能占领阵地，前面的努力将功亏一篑。连长万福来瞪红了双眼，斩钉截铁地对营参谋长说：“让我去炸掉它。炸不掉它，我就不回来了！”黄继光一把拉住连长，大声说：“首长，你们是指挥员，不能去，把任务交给我吧！”营参谋长张广生紧紧握住黄继光的手说：“好，黄继光同志，现在我命令你为六班代理班长，率领吴三洋、萧登良同志去完成任务。”

三名英勇的战士呈扇形分开，低下身形匍匐前进。他们沉着冷静，将一个又

一个敌军的暗堡炸毁。敌人的炮火实在太密集了，许多子弹打进了吴三洋同志的身体里面，其中有一颗正中头部，吴三洋同志牺牲了。萧登良同志也炸毁了好几个暗堡，但也不幸中弹，身负重伤，无法前进。无数的子弹就在黄继光身边与地面产生剧烈的撞击，到处尘烟弥漫。透过烟雾，黄继光冷静地观察，发现前面不远处就是敌人的中心火力点。他心想："只要把这个火力点炸毁，敌军就哑火了，我们就胜利了。对，一定要炸掉它，一定！"他伸手摸出一颗手雷，用尽全力，把手雷向敌人的暗堡扔去。就在他扔手雷的那一瞬间，敌人的子弹也射进了他的身体。

轰！随着手雷的爆炸，敌人暗堡里的机关枪哑火了，我军战士趁此机会迅速冲了上来。但是没想到，暗堡里又露出一个机枪头，邪恶的子弹又疯狂地射向我军。没办法，我军的攻势又一次受阻了。怎么办？必须把这挺机关枪的火力压住。压住了它的火力，我们的战士就能冲上来了，胜利就属于伟大的志愿军了。黄继光想再摸出几颗手雷，这才发现左手不听使唤。原来，他

的左臂早已经被子弹打穿，胸口也中弹了，不停地往外汩汩流着血。他浑身上下不知道中了多少子弹，每动一下身子都钻心地疼。他用右手摸遍了全身，发现仅剩一颗手雷。

黄继光注视着敌人的火力口，心里想：“只有这一颗手雷了，一定要把敌人的火力压住！我要付出我的生命，来换取整个战役的胜利。”他的左胳膊已经完全不听使唤了，他就用右胳膊拖着身子，匍匐着，一点一点前进。他前进着，前进着，终于，离枪口只有半步了。这时，他用尽全身的力气站了起来，用自己的胸膛，死死地堵住了敌人正在喷射火舌的枪眼……

敌人的枪口哑火了，我军战士一下子跃出战壕，冲向敌阵。黄继光用他宝贵的生命，换来了战斗的胜利。

战后，部队党委根据黄继光生前申请，追认他为中国共产党党员，追授“模范团员”称号。1953年4月，中国人民志愿军追授他“特级英雄”称号。同年6月，朝鲜民主主义人民共和国追授他“朝鲜民主主义人民共和国英雄”称号和金星奖章、一级国旗勋章。现在黄继光的家乡四川省中江县建立了黄继光纪念馆，以缅怀这位伟大的志愿军战士。

**名人名言**

同志们！再见吧！请告诉祖国人民，告诉慰问团的亲人们，叫他们听我们胜利的消息吧！

——黄继光